イ・ヨンエの晩餐

韓国の美しい食べ物のお話

韓国料理のドキュメンタリーを始めるまで

21歳でデビューしてからおよそ20年、ずっと仕事のことだけを考えて生きてきた私に家族ができた。そして40歳になり、初産にして男の子と女の子の双子の母になった。

主婦になり、母になり、とても多くのことが変わった。以前は自分の体だけを大切にしていればよかったが、いつからか自分のことより夫と二人の子どものことを先に思うようになった。慣れ親しんだソウル暮らしを畳み、京畿道《キョンギド》の楊平《ヤンピョン》にある汶湖里《ムンホリ》に引っ越してきたのも子どものためだ。鳥の鳴き声と共に目を覚まし、草原のあらゆる虫と友達になって遊び回り、石ころを皿にして野花と雑草でご飯を作る。そんな幼少時代は、都市で育った私にとって一種のロマンのようなものだった。そんなロマンある故郷を子どもたちにプレゼントしたいというのは、私の昔からの夢でもあった。私は子ども二人を産んだ後、その夢を実行に移した。子どもたちが思う存分遊び回れるよう、木が一本もない庭を設計し、転んでもけがをしないよう家具は置かず、代わりに[1]ポロロのマットを６枚も敷いた。初めてわが家を訪れた人は二度驚く。広々と開けた土地に芝だけを敷いた庭にまず驚き、母屋に入ると家具が一つもないがらんどうの空間に驚く。わが家にあるたった二つの家具が、台所の横にある食卓と書斎に置いた机だ。いつの間にか二人の子どもは私の人生の中心であり、私の人生のほとんどになった。

汶湖里に引っ越しをしてから、２年になろうとしている。子どもたちは昨日と今日とでは全然違うように思う。何日か前に赤ちゃん言葉を発っしたかと思えば今日は言葉を話し、ようやく立ったかと思えばいつの間にかかけっこをしている。すべての母親がそうだろうが、子どもたちが成長する姿をひとときも見逃したくないと思う。そのようにして一日、また一日と作品への出演を辞退していたら、いつの間にか９年という空白が生まれてしまった。

だからといって演技に対する未練がないわけではない。新たに封切りされる韓国映画を見るたびに、そしてその映画の中に登場する俳優たちを見るたびに、心の奥深く眠っていた演技に対する欲望が湧き上がることもある。しかし、一度作品の撮影に入ると、その人物にすべてを注ぎ込んで暮らす性格なので、演技をしながら二人の子どもの母としての役割を果たす自信もなかったし、何より週に４～５日家を空けなければいけないということも気掛かりだった。子どもたちはまだ幼く、母親を一番必要とする時期だ。一日に数十回、演技をしたい気持ちと母性とがシーソーのように揺れていた。

そんなところにドキュメンタリー出演の提案を受けた。最初は、ドキュメンタリーという私がよく知らないジャンルがぎこちなく、女優が芝居ではなくドキュメンタリーに出るということに負担を感じ、辞退した。ところが、放送作家が何度も汶湖里の家を訪れ、女優イ・ヨンエがなぜドキュメンタリーに出るべきなのか、また、それがどんなドキュメンタリーなのかを説明し、私の気持ちを揺さぶり始めた。

作家が置いていった企画案を読んでみて、いろいろと考えるようになった。ドラマ「[2]宮廷女官チャングムの誓い」の撮影で宮中料理にも接したし、ビビンパの広報大使もしてきたが、実は韓国料理について実際に私が知っていることはあまりないということに気付き、「わが子に韓国料理に込められた話を聞かせられるのはいいことじゃないか？」と思った。子どもたちのご飯を作っていると、子どもが食べる物一つひとつが気になり、また食べ物の好き嫌いが出てき始め、食に対する悩みが増えた頃だった。そんな時に訪れたドキュメンタリー出演の提案に２カ月、悩んだ。

結局ドキュメンタリーの提案を受け入れたのは、単純に母親としての欲のためだった。子どもがもう少し大きくなった時、私が辿った「韓国料理に関する記録」を親子で共有し、共に語らうのも悪くないだろう。これもまた、子どもたちのために私が残せることではないか？ そのようにしてドキュメンタリー「[3]イ・ヨンエの晩餐」に参加することになった。

1　ポロロ…韓国で子どもに人気のキャラクター。ペンギンの男の子

2　宮廷女官チャングムの誓い…韓国MBCにて2003年9月15日から2004年3月30日まで放送された時代劇テレビドラマ。後に日本でも放映され話題になった

3　イ・ヨンエの晩餐…イ・ヨンエが料理の専門家の元を訪れ韓国料理を見つめ直すドキュメンタリー。韓国で2014年に放送。日本ではKNTVで2017年1月に放送された

目次

イ・ヨンエの晩餐
～韓国の美しい食べ物のお話～

韓国料理に込められた疎通の哲学

韓国の味、2000年の記憶

疎通と和合の晩餐

韓国料理に込められた疎通の哲学

第１章　朝鮮王朝５００年、御膳の上の秘密

華麗なる朝鮮王朝時代の食文化を探しに旅立つ

年々長くなる冬と夏。そのため、その間に訪れる春はより短く感じられる。陽射しが降り注ぐ枝ごとに、色とりどりの蕾を膨らませた汶湖里の春は、いつも短くて残念だ。そのようにして過ぎる春を惜しんでいた5月のある午後、お客さんが訪ねてきた。ドキュメンタリー「イ・ヨンエの晩餐」の作家とプロデューサーだった。

彼らは手に、20冊余りの本や資料、そして数十編にもなる論文を持っていた。あちこちからあさってきたそれらの資料は量も量だが、単語一つ、文一つですら読むのが容易ではなかった。資料を受け取った瞬間、「しまった」と思った。そして続けて言われたのが、「韓国料理の中に込められた哲学を見つけるのに役立つだろうから撮影の前にこの資料をすべて読んでおいて」ということだった。書斎の上に積まれた本や資料を見た瞬間、鼓動が激しく鳴り始めた。その上、ドキュメンタリー撮影が終わる半年後に(それは韓国料理に対する私の勉強が、ある程度実を結ぶ頃を意味するようだが)自ら「イ・ヨンエの晩餐」を主宰し、韓国料理の中に込められた意味をその晩餐で解いてくれと要求してくる。20年余りの女優生活では、他人が作ってくれたお膳をもらい、自分のものとしてよく噛んで消化させればそれでよかったが、今回は自ら材料を求めて手を動かしてお膳を作らなければいけないだなんて、この企画をあまりにも甘く見ていたという思いに後悔が押し寄せた。

しかし、ここに来て辞めると言うのは、あまりにも卑怯なことではないか？数日間ブランコのひものように気持ちが揺れ動いた。その気持ちを引き締めて、彼らが置いていった本を読み始めた。そのようにして、私は自国の料理に込められた歴史と初めて出合ったのだ。すると、ページをめくるたびに、私の目の前には朝鮮王朝時代の見たこともない不思議な料理が湧き水のようにあふれ出てくるのであった。

朝鮮王朝時代の食道楽たち

「ソウルの[1]宰相《チェサン》たちが北村《プクチョン》に集まって宴会を開いたのだが、南村《ナムチョン》の宰相の家で作った料理がとても豪華だったので、皆が一番だと言って煽てたんだと。遅れて東村《トンチョン》の宰相の家の召使いの女が小さなふた付きの鉢を持ってきたが、その鉢の中には[2]薬飯《ヤクパプ》とナツメ10個が入っていただけだった。東村の宰相はその鉢を受け取ると、ナツメ10個のうち７個を食べて注意深くふたをし、召使いに返した。これを怪しく思った南村の宰相の家の者が東村の召使いを追い掛けて『これは何だ？』と聞くと、召使いは『清潔に洗ったナツメを、種と実をほじくり出した後に軽く蒸し、平安道《ピョンアンド》の国境に生えている[3]山参《サンサム》、ほじくり出したナツメの実、そして牛肉を細かく刻んでその蒸したナツメの中に入れ、両端に松の実を詰めて封をしたものです。それゆえに、このナツメ10個の値段は２万銭になります』。これにどうして驚かずにいられようか？ これを伝え聞いた宰相たちは、持ってきた料理を自身の格と見立てることなど、とてもできなかったそうだよ」。

朝鮮後期の文人、李鈺《イオク》(1760～1815)の全集に登場する題目だ。その小さなナツメ一粒の中に野生の朝鮮人参と牛肉、そしてナツメの実が一緒に詰められているとは、これらを一度に噛んだ味とはどのようなものだろうか。想像するだけでも舌先を包み込む贅沢さを感じる。ナツメ10個で２万銭というが、資料を見ると当時２万銭といえば瓦屋一軒を買えるくらいのとてつもない金額だったそうだ。間食一食分で、家一軒を丸ごと飲み込むようなものだった。要するに気前の良い両班たちということだ。朝鮮王朝時代後期の飲食文化を記録した本の中には、このように贅沢な料理を楽しんでいた両班たちの逸話がところどころに登場する。

『洪吉童伝』の著者という認識しかなかった許筠《ホギュン》(1569～1618)が、国内最初の料理の品評書を書いた人物だという事実も今回初めて知った。朝鮮きっての

食道楽家だった許筠は全国八道を巡りながら山海の珍味を訪ねて回ったそうだ。そして、彼が食べた物を記録したのが『屠門大嚼』という本だ。『屠門大嚼』に登場する料理は、近年人気のグルメ番組で紹介される名店の料理とは次元が違う。華陽《ファヤン》や義州《ウィジュ》、熙川《フェチョン》の珍味として「熊掌《ウンジャン》(熊の手のひらの料理)」を、襄陽《ヤンヤン》の珍味として「豹胎《ピョテ》(ヒョウの内臓料理)」を選び、当時の両班たちの間で流行していた「ノクソル(鹿の舌)」と「ノンミ(鹿の尾)」はそれぞれ華陽の人が料理したものと扶安《プアン》の人が料理したものが一番だと指を折った。ここに登場する料理を見るだけでも料理に対する両班の愛着がどれほどだったかが推測される。許筠は流刑地で暇つぶしのために『屠門大嚼』を書いたそうだ。当代最高の食道楽家だった彼にとって流刑地でのお膳はどれほどみすぼらしく見えただろうか。

ふと、双子を産んでダイエットに突入した時のことが思い出された。普段好んでいたわけでもなかった食べ物までも、幻のように目の前にちらついた記憶。おそらく許筠も、その時の私と似ていたのではないだろうか。流刑地のつまらないお膳の前に座り、以前食べた全国八道の珍味を回想しながら、桃源郷を夢見る心情で、それまで食べたすべての料理を寝ても覚めても忘れられず懐かしんで『屠門大嚼』を書き下ろしたのだろう。

熊の手のひらは中国の皇帝が食べた料理と思っていたが、『屠門大嚼』はもちろん、朝鮮王朝時代の料理の調理書である『飲食知味方』にもその調理法が登場するのを見ると、当時は熊が天然記念物ではなく獲物であり、珍味のうちの一つだったことがうかがえる。なるほど、熊の手のひらはそうだったとしよう。だが恐ろしいヒョウの内臓はどこで手に入れたのだろう。果たして朝鮮半島にヒョウという動物が棲んでいたのだろうか？　それだけじゃなく、あの愛らしい鹿の舌としっぽを最高の味としたなんて、今の時代の人から見たら、両班たちはとても無慈悲だ。

その小さなナツメ一粒の中に野生の朝鮮人参、牛肉、そしてナツメの実が一緒に詰められているとは、これらを一度に噛んだ味とはどのようなものだろうか？

そんな食の趣味を持った人は許筠だけではない。朝鮮後期の[4]文臣の成大中《ソンデジュン》(1732～1812)が書いた『青城雑記』には、[5]仁祖反正《インジョバンジョン》を成功させて当代最高の権勢を享受していた金自点《キムチャジョム》(1588～1651)が好んで食べた料理として、ふ化したばかりのヒヨコと、人の形をした餃子を選んでいる。この方もまた、許筠先生に劣らず趣向が本当に奇異なお方だ。

権力者の貪食は朝鮮王朝時代だけの話ではない。古今東西を問わず、お膳の上にどんな料理が上がるかが力のある者とない者を分ける物差しになった。フランス王室では客を招いて食事をする時、派手な器に塩を山盛りに盛って食卓の真ん中に置いたという記録がある。王室の権威を示す象徴として塩を使った理由は、当時塩が金と同じくらい高くて珍しいものだったからだ。今でこそ安くてありふれている塩だが、たった500年前、塩はもちろん砂糖やコショウ、ショウガ、ナツメグもまたヨーロッパの王室や貴族だけが味わうことのできる珍しい食材だったのだ。今は食べ物があふれ、その大切さに気付きにくい時代に生きているけれど、以前は何を食べ、また何を飲むかが、その人の地位を象徴していたのだ。

「チャングムの誓い」を撮影していた当時、気難しい明の使臣の気持ちをつかむために「[6]満漢全席《ばんかんぜんせき》」を作る場面があった。ドラマを通じて満漢全席が紹介され、世間で話題を呼んだ。しかし放送後、鋭い視聴者が、満漢全席は清の時代に生まれた料理なのに、明の使臣に出したのはおかしいという指摘をしてきた。おかげで私は満漢全席の誕生秘話に接することができた。

清の初期までは満州族の料理を並べた宴会を満席と呼び、漢族の料理を並べた宴会を漢席と区分して呼んでいた。ところが、清の乾隆帝《けんりゅうてい》が自分の還暦の宴に65歳を超える老人2800人余りを招待して盛大な宴を行い、この宴会に満州族と漢族の宮中料理をすべて網羅した料理を披露した。これが今日の満漢

全席になったのだ。

以前中国を訪問した時、「チャングムの誓い」で描かれた満漢全席が本来どんなものだったのか気になって現地のスタッフに聞いたことがある。満漢全席を味わうことができるんじゃないかという期待もあったが、値段を聞いた瞬間、満漢全席に対する未練は雪が解けるように消えた。正式な満漢全席を味わおうと思ったら、一食でなんと300万ウォン払わなければいけないそうだ。一体どんな料理が出てくるからといって一食に300万ウォンを払わなければいけないのだろう。正式な満漢全席は一日に2回、それが3日間続き、なんと180種を超える（※数は諸説あり）料理が出てくるそうだ。その種類の多さにまず口が開き、料理に使われる材料を聞いた瞬間、さらに開いた口が塞がらなくなった。ツバメの巣、フカヒレ、魚の浮袋、熊の足の裏に猿の脳みそまで使っていたのだというから、朝鮮王朝時代の両班が食べていた鹿の尾や熊の手のひら、牛の骨髄の比ではない。

確かに、中国にはあらゆる食べ物がある。清最高の食道楽家として知られる西太后《せいたいこう》が最も好んで食べた料理は蚊の目玉のスープだそうだ。その話を聞いてから、夏に蚊を見つけると、そいつを注意深く観察するようになった。目玉というのが一体どこに付いているのか気になるし、あの小さな目玉をどれくらい集めたら一杯のスープになるのかとも思った。西太后に毎日蚊の目玉のスープを捧げるために、蚊を捕まえようと探し回っていた軍人たちの姿や、そのおかげで清の皇室の人は蚊の奇襲に悩まされずに済んだだろうなという、滑稽な想像が止まらない。

ジャック・グッディの『食物と愛──日常生活の文化誌（原題：Food and Love: A Cultural History of East and West）』という本にはこのような言葉がある。「階級差が発達した文化で、上層階級は下層階級と違う珍しい材料と調理法で

古今東西を問わず、お膳の上にどんな料理が上がるかが力のある者とない者を分ける物差しになった

自分たちの高級飲食文化を作っていった」。

さまざまな材料を選び、調理方法を開発しながら、食べ物に新しい価値を付け加えてきた、そのような権力者たちがいたからこそ、私たちの食生活がより豊かになったのだ。

日に日に積み上がっていく机の上の本や資料、その中に登場するアジア・ヨーロッパ諸国の権力者たちの料理を吟味していると、ふとこんな考えが脳裏をよぎった。「朝鮮の王の料理はどうだったのだろう」。10年前、「チャングムの誓い」の撮影を前にして[7]ハン・ボンニョ先生に宮中料理を教えてもらった。今もその時に習ったいろいろな料理を記憶している。神仙炉《シンソルロ》(山海の材料が入った贅沢な宮中鍋料理)、チョンボクチム(アワビの蒸し物)、ヨンジョユクチム(子豚肉の蒸し物)、キュアサン(キュウリ、シイタケ、牛肉などを詰めた餃子)などの料理だ。そして、ドラマを撮影する間にも宮中のいろいろな料理と出合ったが、珍しいなと思ったのは鯨肉を薄く切って作った串焼きくらいだった。

朝鮮王朝時代の両班でも豹胎や熊掌などの珍しい料理を食べていたのだから、万人の頂上の存在である朝鮮の王の御膳はどれくらいきらびやかだっただろう。私が「チャングムの誓い」を通じて知っている王の御膳よりはるかに豪華な料理があったのではないだろうか。こんな疑問が増し、その答えを得るために私は10年ぶりに昔の師匠であるハン・ボンニョ先生の元を訪ねた。

1　宰相…君主に任ぜられて宮廷で国政を補佐する者
2　薬飯…蒸したもち米に焼き栗、ナツメ、ごま油、松の実などを入れ、甘じょっぱく蒸し上げたもの
3　山参…天然の高麗人参。栽培の人参と比べ百倍以上の値がつくと言われている
4　文臣…文事によって仕える臣
5　仁祖反正…クーデターにより仁祖を擁立して、16代国王に即位させた出来事
6　満漢全席…清朝時代から伝えられる中国の皇帝が主催の宴で、贅沢の限りを尽くした豪華な料理
7　ハン・ボンニョ先生…「朝鮮王朝の宮廷料理」第3代技能保有者であり、社団法人「宮廷料理研究院」の院長

朝鮮王朝時代の王の御膳

10年ぶりに訪れた北村。高層ビル越しに灰色の波のように瓦屋根が続く様子は都会の喧噪をしばし忘れさせてくれる。「チャングムの誓い」の出演が決まった後、15日間自分の家のように出入りしていた北村の路地、時間さえも止まってしまったような北村に入ると、10年という歳月が春の夜の夢のように感じられる。

[1]昌徳宮《チャンドックン》と塀に向かい合わせになっている「宮中料理研究院」。軒先の風景も10年前と変わりない。風に乗って聞こえてくる音風景に、思わず目頭が熱くなる。正確なきっかけはわからないが、おそらく「チャングムの誓い」との最初の縁を結んでくれた場所がこの門だったからだろう。ここで米を研いでご飯を炊く方法から包丁さばきはもちろん、野菜をゆで、湯がき、炒め、調理の基本はすべてここで習った。だから、この門を通ってチャングムが生まれたと言っても過言ではない。

ちょうど縁側でお茶を飲んでいたハン・ボンニョ先生が私を見つけて飛んで来た。「これはいつ以来かしら」と両手をしっかり握り、[2]幣帛《ペベク》と[3]イバジの料理をできなかったことに対する申し訳なさと寂しさを表された。10年前にタイムスリップした心地になっていた私はここでようやく現実に戻された。ハン・ボンニョ先生の10年ぶり2回目の授業。前回は包丁さばきと食べ物と向かい合う心構えを習ったが、今回は朝鮮の王の御膳に込められた意味を探す授業だ。

私にとって「チャングムの誓い」という最初の門を開けてくれた場所。風に乗って聞こえてくる音風景に、思わず目頭が熱くなる

1　昌徳宮…ソウルにある5つの古宮の中の一つ。1997年にはユネスコ世界文化遺産にも登録された
2　幣帛…結婚式の儀式で栗やナツメ、乾物の盛り合わせなどからなる「幣帛膳（ぺベクサン）」が準備される
3　イバジ…嫁入り土産として、女の両親から届けられる食べ物

王の食膳に上がる食器は季節によって違った。
寒い季節である[1]秋夕《チュソク》から翌年の端午までは銀の器や真鍮の器を使い、
暑い季節になる端午から秋夕までは陶器、すなわち白磁器を主に使い、さじと箸は銀製のものを使った。
食べ物に毒が入っていないかを銀のさじと箸で判断するためだった。

ジャン〈醤〉は韓国料理の基本となる調味料で、
韓国料理の味はジャンの味で決まると言っても過言ではない。
朝鮮王朝時代、宮中ではジャンを熟成させるための「醤甕」を設置してジャン専門の管理者が徹底して
管理していたが、料理によって使われるジャンの種類も千差万別だった。
その中で代表的なジャンの種類を数個だけ挙げるとしたら、次の通りだ。

〈宮中のジャンの種類〉

宮中味噌／しょうゆ(チョンジャン)：正月にジャンを漬けてから、1～3年間熟成させたジャン
コッジャン：正月にジャンを漬けてから10年以上熟成させた濃いしょうゆ
チンジャン：毎年6月頃に黒豆で漬けたジャンで、[2]水剌床《スラサン》に主に出たジャン
チョッジャン：チンジャンのうち、最初に出てきたジャン
チュンジャン：チンジャンを作る時、中盤で出てくるジャン
再仕込み味噌／しょうゆ：前年に漬けたしょうゆを利用してチンジャンを再度漬けたジャン
魚肉味噌／しょうゆ：肉と魚を、[3]みそ玉麹と一緒に入れて漬け、地中で1年以上熟成させたジャン
薬《ヤク》コチュジャン：コチュジャンに肉を入れて炒め、作ったジャン

1　秋夕…朝鮮半島で陰暦(時憲暦)の8月15日(中秋節)を指す言葉
2　水剌床…王と王妃が食べていた食事
3　みそ玉麹…蒸した大豆のかたまりに麹菌を繁殖させたもの

水刺床《スラサン》は12[1]楪《チョプ》ではなく7楪だった？

ハン・ボンニョ先生は、5000年の朝鮮民族の歴史の中で最も華麗な料理文化を花咲かせたのは朝鮮王朝時代だと、この時代の宮中料理について軽やかに説明を始めた。私のような子孫が学びやすいようにと配慮してくれたのだろうか。

朝鮮王朝時代の王は『経国大典』、『朝鮮王朝実録』、『進宴儀軌』、『進爵儀軌』、『宮中料理目録』などのさまざまな文献を通じて、食事の儀礼、器、調理器具、お膳の並べ方、料理名と料理の材料など、宮中における食文化の記録を残した。しかし、これらはほとんどが宮中の宴や特別な日の記録だそうだ。私が知りたかったのは王が普段食べた日常食の記録だったが、チャングムや女官たちが毎食苦心して献上していたあの多くの料理は記録にも残っていないというのか。毎日食べる食事のうちの一食などというものは、過ぎ行く日常の些細なことと考えて、文献に別途残さなかったのだろう。残念に思った矢先、普段王が食べていた日常食についての記録が残された唯一の文献があると、ハン・ボンニョ先生がうれしい言葉を発した。1795年、[2]正祖《チョンジョ》19年に書かれた『園行乙卯整理儀軌』だ。

正祖は、党争の生贄となって米櫃《こめびつ》で死んだ思悼世子《サドセジャ》の息子である。11歳という幼い年で父を亡くし、暗闘が乱舞する宮中で母とともに生き残った。だからだろうか、正祖は母・恵慶宮洪氏《ヘギョングンホンシ》に対し並外れた孝行心を持っていたそうだ。1795年閏《うるう》2月9日、在位20周年を前にして、正祖は母・恵慶宮洪氏の還暦を記念し、父、思悼世子が埋葬された顯隆園《ヒョルリュンウォン》に行幸《ぎょうこう》をした。朝鮮の歴代王の中で儀礼と規範を最も重視していた王として知られた正祖は、宮廷を出て華城《ファソン》で過ごした8日間の日課と祭りの全過程をなんと8冊の本にわたって詳しく記録するよう命じた。それが『園行乙卯整理儀軌』である。ここには華城の行幸を前に

して恵慶宮洪氏のために作られた駕籠の材料や費用はもちろん、漢江《ハンガン》に舟橋を建設した状況から、華城に行幸する姿まで詳しく記録されている。さらに、[3]華城《ファソン》行宮《ヘングン》の[4]奉壽堂《ボンスダン》で開かれた還暦の宴に関する記録には、行事の料理の内容や調達方法、踊り子の名、行事に参加した国内・国外の客の名簿まで詳しく書かれている。そしてこの中に華城で恵慶宮洪氏と正祖が食べた日常食、すなわち水刺床に関する記録も載っている。そこからは一日に何回水刺床を召し上がり、どんなおかずが並んだのかを詳細に知ることができる。

朝鮮王朝時代の料理文化についての基本的な授業がすべて終わり、ついに王の御膳と向かい合う日。よく映画やドラマの中に登場する王の御膳を思い浮かべながらさまざまな山海珍味で豪華に調理された料理の供宴を期待していた。しかし、『園行乙卯整理儀軌』の中の絵とともに紹介されていた正祖の御膳は、私が想像していたそれとは異なっていた。

『園行乙卯整理儀軌』によると、王は一日に５回、水刺床を召し上がったそうだ。朝起きてすぐに「初早飯《チョジョバン》」、朝食に該当する「朝水刺《チョスラ》」、軽い昼食に該当する「ナッゴッ床《サン》」、夕食に該当する「夕水刺《ソクスラ》」、そして夜遅くに茶菓やおかずを召し上がる「ヤチャム床《サン》」だ。朝鮮の王は一日に食事を５回もする大食家だったのかという誤解も一瞬のこと、水刺床別に召し上がった料理を調べてみると、ちゃんとした食事は一日２食、朝水刺と夕水刺だけで、ナッゴッ床は麺類や餃子などの麺床《ミョンサン》(麺類中心の配膳)、初早飯は空腹を鎮めるための簡単な粥床《チュクサン》(おかゆ中心の配膳)である。さらに、ヤチャム床は現代人の間食と変わりのないお膳だ。こう見ると、私もまた朝と昼の間に時々ポリコーンやトウモロコシ、チョコレートや果物などの間食を口にしているので、水刺床の数を数えるように私の食事の回数を指折り数えたら、一日に５〜６食は優に食べている格好になる。

普段王が食べていた日常食についての記録が残っている唯一の文献が『園行乙卯整理儀軌』だ

『園行乙卯整理儀軌』に登場する日常食のうち、最も興味深かったのは水剌床に上がったおかずの数だ。正祖に出された水剌床には全部で7皿の料理が並び、8日間、ただの一日も7皿を超えた日がない。一方、恵慶宮洪氏に出された水剌床には全部で13〜15皿にもなる料理が上がった。『園行乙卯整理儀軌』を研究してきた歴史学者たちは、孝行心が深い正祖が還暦を迎えた恵慶宮洪氏に特別に15皿のおかずを出したもので、本人は通常通り7皿のおかずが並んだ水剌床を食べたのだろうと言う。朝鮮は忠孝の国なので、息子である本人より母親により良いお膳を出したことは十分理解するが、それでも何かちょっと釈然としない部分だ。現代でも旧正月や秋夕などの節句、誕生日や婚礼などの宴がある時は、数日間、お膳に並ぶおかずの種類や数が変わる。何日もかけて食べるほど豊富に食べ物があるというのが韓国人の宴を祝う心ではなかったのか。ましてや恵慶宮洪氏の還暦は朝鮮後期でも前例なく盛大な宴だったと記録してあるのに、正祖の御膳が12皿ではなく7皿だったとは、高校の家庭科の教科書で見た12楪の水剌床とは一体何なのかと思う。

階級に合わせた膳立ては3、5、7、9、12楪と分けられ、楪の数が最も多い12楪は王だけに出される水剌床だと、学生時代に確かに習った。この機会に「楪」が何を意味するかを改めて学び直したところ、7皿のおかずが並ぶ正祖の水剌床への驚きがより大きくなった。

楪はおかずの種類の数によって決まるが、すべてのおかずが楪に該当するのではない。ご飯、汁物、キムチ、チゲ、[5]チョンゴル、蒸し物を除いたおかずを楪として数える。2月11日夕方、華城で正祖に出された水剌床を分類すると、白飯はご飯、スオタン(ボラ汁)は汁物、ナクチチョ(タコのチゲ)はチゲ、雑散炙《チャプサンジョク》(肉、魚、野菜などの串焼き)とスオ炙(ボラの串焼き)は焼き物、ニベとアワビの干し物を含むさまざまな焼き物類は[6]チャバン、華陽炙《ファヤンジョク》は串焼き、

正祖の御膳が12皿ではなく7皿だったとは、高校の時に習った12楪の王の食膳は一体何なのか?

菁根沈菜《チョングンチムチェ》(大根のキムチ)はキムチ。

この中からご飯・汁物・チゲ・キムチを除くと、焼き物・チャバン・串焼きのたった3つしか残らない。結局、楪に該当する料理は3つだけだ。楪で計算をしてみると、他の日の水剌床もやはり3〜4楪にすぎない。一方、恵慶宮洪氏に出された水剌床には少なくて13皿、多くて15皿の料理が並んだ。これもまた楪の数で計算すると、7〜9楪に該当する。それを踏まえ12楪の膳立てにはどれほど多くの料理が上がるのかと数えてみると、なんと最低でも21皿の料理がお膳に並ぶことになる。お膳の重さでテーブルの脚が歪むほど大量の料理である。

ドキュメンタリー制作にあたって、お知恵を貸してくださったソウル教育大学歴史学科のハム・ギュジン教授は朝鮮王朝時代、そのどんな文献にも王の御膳が12楪だったという記録はないとし、水剌床が12楪という通説は朝鮮末期から大韓帝国までの時期に形成されたとおっしゃった。朝鮮末期、高宗《コジョン》と純宗《スンジョン》が在位していた頃、最後の[7]尚宮《サングン》である韓熙順《ファン・フィスン》(1889〜1972)をはじめ、当時生存していた尚宮の口から口に伝えられたのが12楪の御膳の根拠になったというが、そうするうちに宮中料理に関する間違いも一部生まれたそうだ。その代表的なものが「九節板《クジョルパン》」。ドラマや映画で用意された王の食膳には間違いなく描かれる。その上、韓定食の店に行くと水剌床コースに堂々と名前が載っている料理である。ところが、この九節板は宮中料理ではないそうだ。だとしたら、どうして九節板が宮中料理として知られたのだろうか。

九節板が宮中料理として認識されるようになったのは朝鮮末期から大韓帝国までの時期のつらい歴史と深い関係がある。朝鮮末期から大韓帝国までの時期、朝鮮王朝が没落するに伴い宮廷で調理を担当していた料理人が宮廷を離れて料理屋を構えることになるが、これが[8]妓生屋だ。妓生屋を構えた料理人は当時朝鮮に入ってきた西洋料理と日本料理、そして宮中料理を混ぜ合わせて

華麗なメニューを披露した。その上、誰ものぞくことができなかった宮中の料理を味わう機会だとして、「朝鮮の宮中料理」と大々的な広告を始める。そんな広告に夢中にならないわけがないだろう。特にお金がたくさんある[9]中人《チュンイン》たちは、宮中で食べられていた料理を味わうために妓生屋の前に列を作った。そうするうちに、九節板のように妓生屋の一部の料理が宮中料理に化けるという奇怪なことが起きたのではないか。

12楪の水剌床もまた、乱れていた朝鮮末期から大韓帝国までの時期に誕生したものだが、教科書でさえそれを朝鮮王朝時代全体の水剌床のように扱っていたことを思うと、なんとも言えない気持ちになった。

1　楪…皿のこと。日本語読みでは「ちょう」
2　正祖…正祖(1752～1800)は李氏朝鮮の第22代国王
　王に即位してから○年というように年号としても用いる
3　華城行宮…韓国で最も規模が大きく美しい王の別邸
4　奉壽堂…華城行宮の正殿
5　チョンゴル…鍋に材料を盛りつけて、煮ながら食べる即席鍋料理
6　チャバン…塩物、塩漬けにした魚類の総称
7　尚宮…李氏朝鮮王朝の女官の称号の一つ
8　妓生屋…妓生と呼ばれる芸者のいる酒屋
9　中人…両班よりは下、平民よりは上の人

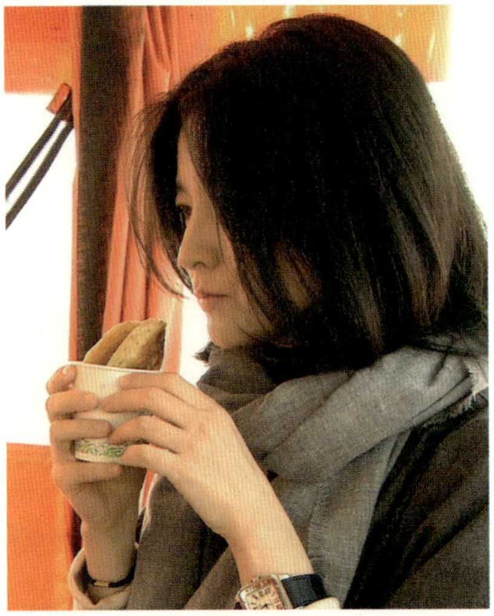

3.000원
취나물

正祖の御膳をこしらえる

ハン・ボンニョ先生に水剌床の料理を習うことで、宮中料理は卒業とばかり思っていた。なのにどういうこと？　制作スタッフが私に、習った水剌床をそっくりそのまま再現してほしいという注文をしてきたのだ。ドキュメンタリーのリアリティーを出すために、水剌床を実際に作ってみようというその要求に、一言の反論もできず従うしかなかった。「よし！ ここは一つやってみよう！ 必死に習ったのだから、そのくらいのことはできるわ」という心情で、ひとまず買い物かごを持って家を出た。

家から車で10分あれば隣村の両水里《ヤンスリ》に着く。両水里市内には5日間隔で両水里伝統市場が立つ。汶湖里に引っ越した後、一番よく訪れる場所が町内のスーパーと、この両水里伝統市場だ。約1年、そうして頻繁に通っていたら、「かわいこちゃん、来たわね〜」という言葉で迎えてくださるおばあさんもいて、ちょっとした冗談をやりとりするような行きつけの店もできた。伝統市場の入り口には露店の台に蒸したトウモロコシやポリコーン、ポン菓子を広げて売るおばさんがいる。その方とはもう電話番号まで交換した仲だ。夏になると夫も子どもも皆トウモロコシをよく食べるので、良質なトウモロコシが入るたびに連絡をくれたりする。また、買い物をする前はいつもここに寄って、その時に1週間分のトウモロコシを買うこともある。やはり市場の醍醐味は買い食い。出来立ての煮干し出汁を注いだ[1]チャントククスに[2]ホットク、そば粉の[3]ジョン、[4]プチムゲ……。ああ、想像しただけでも口の中につばがたまるようだ。もちろん他の場所でも簡単に食べられるものだが、賑やかな市場で焼いたばかりのホットクやプチムゲを、ふーふー言いながら食べる味は、どんなディナーとも比べられない。

市場ならではの面白さは他にもある。「これは何ですか？」の一言さえ投げ掛ければ「これは三菜《サムチェ》というものです。初めて聞きますか？　ぜひ食べてみてください。食べなきゃ味がわからないでしょ。三つの味がするから三菜です。朝鮮人参、ニンニク、ニラと比べて抗がん作用が6倍もあります」、「この[5]トラジは塩水に浸さないでください。硬くなって苦味が出るんですよ。トラジに水を少しだけ入れて砂糖を振ったら10分浸した後にゆすぐと、はるかにおいしくて柔らかくなります」。

このように裏技やさまざまな効能を、すらすら解説してくれる。その様は、料理の専門家や食品栄養学科の教授が退散するほどだ。新米主婦の私にとっては市場で出会ったおばあさんやおじさんたちのアドバイスがどれほど重要かわからない。

ハン・ボンニョ先生の直接指導で非常に細かく教えてもらった料理は、閏年の2月9日、正祖が召し上がった朝水刺に並んだおかずだ。1795年のその日は母・恵慶宮洪氏の還暦の宴を開くために京畿道華城(現在の水原《スウォン》城)に出発した初日。正祖の行列は明け方早く昌徳宮を出発し、鷺梁《ノリャン》行宮で朝食を召し上がり、始興《シフン》行宮で荷を解き一晩過ごされた。『園行乙卯整理儀軌』に出てきた8日間の日常食の記録のうち、最も華麗だった水刺床がこの鷺梁行宮で召し上がった朝刺床(朝食)と始興行宮で召し上がった夕刺床(夕食)だそうだ。今でこそ車で1時間もあれば着く距離だが、当時は昌徳宮から華城まで丸2日かかったという。その上、正祖は行幸を民が見ることができるよう、ゆっくり歩くように命じたので、より長い時間がかかったと思う。

王や貴族は輿《こし》に乗って行くが、それも簡単なことではない。ドラマの撮影で何回か輿に乗る機会があったが、近い距離だったらいっそのこと歩きたいほど乗り物酔いした記憶がある。ましてや2日間揺れ続ける輿の中で真っすぐに座っているのは、それもまた苦役だっただろう。たぶん水刺床を管掌してきた[6]司饔院《サオンウォン》では、その後の道中での疲労に備えて体力を蓄えてほしいという意味で、普段より豪勢な水刺床を並べたのではないかと思う。

この日の料理をハン・ボンニョ先生と一緒に一度は再現したが、いざ一人で料理を作ろうとすると、記憶があいまいで、私は本当にこれを習ったのだろう

かと思うほど、何もわからなくなる。先生が書いてくださったレシピを頼りに、正祖の水刺床に並んだ料理のうち、赤飯、トラジのナムル、キュウリのナムル、セリのナムル、チョカルビ、骨湯《コルタン》を自分で調理してみることにした。

この日の正祖の水刺床には白飯の代わりに赤飯が上がった。赤飯はうるち米に少しもち米を混ぜ、そこに小豆のゆで汁を入れて炊いたご飯だ。水刺床に上がるご飯は赤飯に限らず一人分ずつ石釜や真鍮で作られた釜で炊いたと言われる。さらに、宮中では季節によってさまざまな野菜でナムルをこしらえたが、宮中のナムルの調理法は今の調理法とは多少違い、習った通りに再現しようとしたら、普段の私のやり方の何倍も時間がかかる。トラジのナムル一つ見てもそうだ。ひとまず塩で苦味を取ったトラジを沸騰したお湯でゆで、ここに調味料を入れて和え、これを再び油で炒めていろいろな飾りを乗せるという複雑な過程を経なければいけない。簡単な料理一つにも、調理法が幾重にも入っているのが宮中料理だ。ハン・ボンニョ先生がおっしゃった「朝鮮の宮中料理の最も大きな特徴は真心」という言葉の意味がわかる気がした。キュウリとセリ、トラジのナムルを作っておき、次は「チョカルビ」の下準備だ。現在のテジカルビ（たれに漬け込んで焼く豚カルビ肉）と似ているチョカルビは、豚のカルビ肉に切り込みを入れて、さまざまな調味料を揉み込んで寝かせる、比較的簡単な料理だ。しかし日本式で作られた倭しょうゆを主に使う最近の味付けとは違い、朝鮮王朝時代のチョカルビはチンジャンとごま油、蜂蜜と刻んだニンニク、刻んだネギを入れて漬け込むのが特徴。ジャンは、料理によって使い分ける。ナムルにはチョンジャン、肉料理の下味にはチンジャン、チゲを作る時は魚肉しょうゆが使われるが、それほど宮中ではその繊細な味の違いを重視したとのことだ。

宮中料理は料理によっていろいろなジャンで味を出す。それほど宮中では繊細な味の違いを重視した

水刺床に並ぶ料理のうち、易しい料理のみを選んだのでここまでは朝飯前だ！　しかし、残り一つは始めもしないうちから頭が痛い。名前からして「骨

湯」だ。骨湯、それは牛の脳みそを薄く切って作るスープだが、牛の脳みそには体を温める効果があり、冬に王の滋養食として並んだ料理だそうだ。数日前から馬場《マジャン》洞畜産市場に頼んでどうにか手に入れた脳みそは、そのビジュアルがとても強烈で、馬場洞で受け取ったまま袋も開けずに冷蔵庫に入れておいた。しかし、いざ袋を開けて真っ赤な血がしたたり落ちる脳みそに向かい合うと、食材を前にして言うことではないが、吐き気がする。血が付いている脳みそを冷水に入れて血を抜くところまでは成功！　次は脳を薄く切る番だ。しわになっている脳みそを見ていると、まるで自分の頭蓋骨を開いて見ているかのようで心臓がバクバクし、眉間には自然としわが寄る。しかし、私の手を穴が開くほど注視している制作スタッフの前でやめるわけにもいかず、包丁を持った。そうして脳みそを１枚１枚薄く切り、塩コショウで味付けした後、卵の衣を付けて焼く。そのように手間をかけると、もう脳みそなのか肉のジョンなのか、あるいは魚のジョンなのか見分けがつかない。だから王も召し上がることができたのだろう。脳みその正体をご覧になっていたら、滋養食好きのおじいさんでも食べなかっただろうというくだらない想像をしながら、牛肉の出汁とネギを入れて骨湯を作り上げた。

骨湯を作ったと知人に話すと、皆その味を聞いてくる。実は、味はそれほど異色ではない。さっぱりして香ばしく、後味があっさりしている。あえてたとえるなら脂っぽくないソコギタンクク（牛肉スープ）だろうか。だから言うが、骨湯を作ろうと思う方がいるなら、絶対に脳みその正体は見せないようにと勧めたい。脳みそのビジュアルさえ隠しておけば、食べるに値するおいしい料理である。

1　チャントククス…市場で提供される定番の麺料理。そうめんや細麺を用い、多くはのりや錦糸玉子が上に添えられる

2　ホットク…シナモンやナッツを混ぜた黒砂糖を、もっちりしたパン生地で包み、焼いたもの。屋台スイーツの定番で、揚げ焼きにするものと、油を使わずに焼くものがある

3　ジョン…粉や卵を漬けた具材を油で焼いたもの

4　プチムゲ…魚、貝、肉、ネギなどを小麦粉の生地と混ぜて油で焼いたもの

5　トラジ…桔梗の根。韓国ではよくキムチやナムルにして食べられる

6　司饔院…朝鮮王朝時代、王の食事と宮廷内の食事供給に関する仕事を管掌するために設置された機構

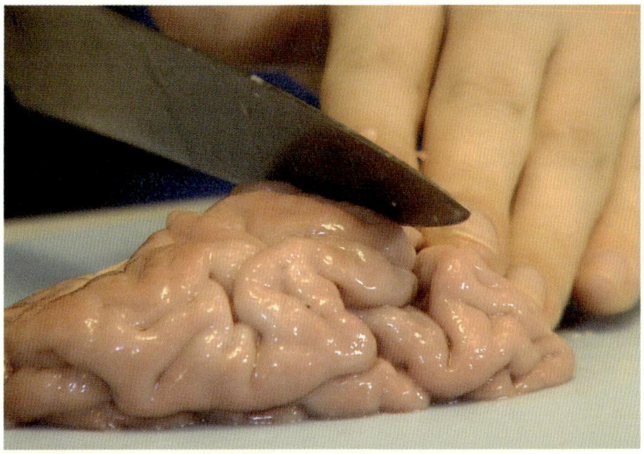

『園行乙卯整理儀軌』に記録された正祖の水刺床のおかずの内容だ。
朝鮮の宮中では同じ種類の料理を少量ずつ一つの器に盛って水刺床に並べた。
さらにしょうゆ、甘口しょうゆ、酢じょうゆの器を除き、
全部で7つの器を円卓に乗せて正祖に捧げたと記録されている。

〈1795年 閏2月9日、露梁行宮、正祖が召し上がった朝食の目録〉

❶ 飯《パン》(ご飯):赤飯
❷ 羹《ケン》(汁物):[1]魚臓湯《オジャンタン》
❸ チョチ(チゲ):骨湯《コルタン》
❹ 焼き物:牛肉、チョカルビ、牛足、ボラ、キジ肉
❺ 醢《ヘ》(塩辛):生のアワビ、牡蠣、貝
❻ 菜《チェ》(ナムル):かんぴょう、セリ、若葉のナムル、トラジ、タケノコ、芽ネギ、青いマクワウリ
❼ 淡沈菜《タムチムチェ》(キムチ):白菜
その他:しょうゆ、甘口しょうゆ、酢じょうゆ

〈1795年 閏2月11日、華城、正祖が召し上がった夕食の品目〉

❶ 飯:白飯
❷ 羹:ボラの湯
❸ チョチ:ナクチチョ
❹ 焼き物:雑散炙、スオ炙
❺ チャバン:ニベ、ボラの干物、生干しのタラ、[2]生雉茶食《センチタシク》、アワビの干物
❻ 串焼き:華陽炙
❼ 沈菜《チムチェ》(キムチ):大根

1 魚臓湯…魚の内蔵のスープ
2 生雉茶食…キジ肉を刻んで味付けして型取り、干したもの

素朴な御膳を守り抜いた朝鮮の王たち

正祖に出された８日間の水刺床を見ると、一様に王の御膳というにはあまりにも素朴だという印象を受ける。まるで韓国の定食屋で最初に出される小皿のおかずのようだ。少しつまむか、あるいは一度も箸をつけられずに片付けられてしまうものがほとんどだが、そのたびにあの大量のおかずはどこに行ってしまうのかと残念に思っていた。厳然たる階級社会だった朝鮮王朝時代、どうして一国の最高地位にいる王の御膳が現代の定食屋のおかずより劣っていたのか。

それでも正祖の７皿の膳立てはある程度礼を備えた水刺床だった。『朝鮮王朝実録』には３～４種類のおかずでご飯を食べたという記録もところどころに登場する。[1]英祖《ヨンジョ》は麦ご飯とイシモチを好んで食べたというが、英祖が在位していた時期、『承政院日記』には1768年７月28日のこんな記録が登場する。

「マツタケ、生のアワビ、キジのひな、コチュジャンは４つのごちそうだ。これを見ればまだ私の食欲は完全に老いてはいないようだ」。

王が最高のごちそうとして挙げた料理がマツタケにアワビの刺し身、キジ肉、そしてコチュジャンだったなんて、英祖の趣向が素朴だったとも見ることができるが、普段の王の食膳に上がる料理が贅沢ではなかったという予測ができる。

「イ・ヨンエの晩餐」の諮問を引き受けてくださったシン・ビョンジュ教授によると、朝鮮という国は[2]性理学を根幹として建てられた国なので、王の食膳も素朴になるしかなかったと言う。

「性理学で求める聖君の存在は、民の上に君臨して派手なことをする王ではなく、徹底して節制し質素な生活を自ら見せてくれる君主を指向しなければいけませんでした。つまるところ、性理学でいう質素な節約精神が最も色濃く現れたものの代表が、王の御膳だったと言えるでしょう」。

朝鮮王朝時代の君主は万民の父だったので、一挙手一投足、民の模範にならなければならなかった。そのため、着る物に食べる物、寝起きする場所もまた派手さより素朴さを求めたそうだ。ふと「チャングムの誓い」のあるシーンが思い浮かぶ。ハン尚宮とチェ尚宮が最高尚宮の座をめぐって料理の競い合いを

３回行った。[3]大妃殿《テビジョン》から下された２回目の競い合いのテーマが「凶作の年で民が食べる物がなくて苦労しているので、普段民が食べずに捨てるものでおかずを作ってきなさい。そして、たった一つのご飯とスープだけで水剌床をこしらえろ」というものだった。

チェ尚宮と同じチームになったクミョン、そしてハン尚宮と同じチームになったチャングム。チャングムとクミョンは偶然にもその競い合いのテーマを聞いて同じスープを選択した。それは[4]コムタンだった。その２回目の競い合いで、ハン尚宮とチャングムは敗北を喫した。

ドラマをご覧になった方は覚えているだろうが、良質な骨と肉を手に入れるために数日費やしたチャングムがコムタンの深い味を出すために民間では使えない貴重な牛乳をコムタンに入れたからだ。民が食べることのできる料理を作ってこいという競い合いのテーマから外れて宮廷でしか食べられない牛乳を入れたので、チャングムの敗北は当然の結果だった。

この２回目の競い合いのシーンは、チャングムの撮影後も長い間記憶に残っている。もちろんドラマで見せた競い合いという状況と、競い合いに出た料理はフィクションだったかもしれないけど、その御膳を出された王の気持ちは真実ではなかっただろうか？

1　英祖…李氏朝鮮時代の21代国王（1694～1776）。思悼世子の父
2　性理学…中国で宋代から明代にかけて隆盛だった儒学の一学説
3　大妃殿…王后が住む宮殿で、尚宮の住居にも使われている
4　コムタン…牛の肉・内臓等を長時間煮込んで作る、シンプルなスープ料理

進上品、全国八道で作った味

朝から、「正祖に出された宮中料理を作ってあげる」と大言壮語していたので、私の夫は内心、ごちそうを期待していたようだ。だが、なんと5時間もかけて作り上げた料理を出した瞬間、夫の顔に失望の色が浮かぶのが見えてしまった。トラジのナムルにキュウリのナムル、セリのナムル、そしてテジカルビと骨湯で全部なのだから失望するのも無理はない。こうしてみると、水刺床だからといって珍しい料理が並んだのではないようだ。

朝鮮王朝時代の水刺床にどんなおかずが並んだかを知ることができる文献がある。朝鮮王朝時代の水刺床は全国八道から進上された品で作ったというが、その時使われた進上目録が書かれているのが『貢膳定例』だ。1776年に正祖が各種進上品の品、数量、進上方法などに関して規定した本である。

まずは肉類から見てみよう。現代は牛肉や豚肉、鶏肉をよく食べる韓国人だが、朝鮮王朝時代は少し違ったようだ。キジやノロジカ、イノシシが一番多く進上されたと書いてあり、魚介類はアワビやカニ、そしてテナガダコ、ハマグリ、イガイ、カキ、サザエ。その中でも絶対的に多くの量を占めたのがアワビで、昔もアワビは貴重な食べ物だったことがわかる。魚もまた最近私たちが食べる魚とは違う。アユやタラ、イシモチ、ボラ、サケ、ニシン、ウグイ、シラウオ、[1]ソガリ、ヒラメ、カレイ……。その中でもボラとアユを最もたくさん進上した。野菜は、私たちが食べているものと大きく違いはないが、最も目に付く品目はタケノコである。タケノコには頭をすっきりさせる効果があるということで、昔から王族には、特別にタケノコをたくさん捧げたという話もある。その他にもミカンやワカメ、コンブ、そしてシイタケとマツタケは毎年進上品にあった品目だそうだ。

進上制度には、万民が一人の父親を養う心情で自分が育てて集めた食材を王に捧げるという意味が込められている。そして養ってもらう父は、子どもに対する道理を尽くさなければいけなかった。父の心で民の面倒を見なければいけないという責任と義務が朝鮮の王にかかっていたのだ。そのため、水刺床に上がるおかずの材料一つとして王は勝手に選べなかったのであり、この地で採

れる進上品で水刺床を作らなければいけなかった。また、さまざまな弊害にもかかわらず、朝鮮王朝が最後まで進上制度をやめなかったのにも理由があったそうだ。

ハン・ボンニョ先生に初めて会った日、先生は私にこうおっしゃった。
「水刺《スラッ》間《カン》(王の料理を作る所)の尚宮と料理人は全国各地から入ってくる旬の進上品を調理し、水刺床に並べます。そのため、王の水刺床をしっかりと作ることができるということは、民の生活に心配がなく国が平穏であるという意味でもあります」。

先生の言葉について言えば、凶年になれば生野菜の料理が水刺床に並ぶことはないだろうし、台風が来たらアワビや魚などの海産物が並ばないだろうから、国が平穏であれば水刺床もまた問題ないということだ。500年前、この地の王は水刺床を出されるたびに、どの地域に凶作があって、またどの地域に台風が来たか、その年の作況は例年より良いのか悪いのかを見たそうだ。御膳の前に座って全国八道のあちらこちらに住む民の暮らしが問題ないかを察しなければいけなかったのが、朝鮮の君主という座だったのだ。

振り返ってみると、「チャングムの誓い」でも[2]中宗《チュンジョン》が水刺床の前に座って民の暮らしを心配するシーンがあった。「ご飯の味が例年ほどおいしくないから、さては今年の作況が良くないようだな？」。中宗のその一言は権力者の不満ではなくご飯の味を通して作況を心配する父としての懸念が込められたセリフだったことに今更気が付いた。お膳の前に座って朝鮮八道で民が真心を込めて育て集めた進上品を見ながら、朝鮮の王は宮廷を越えて民の暮らしをうかがっていたのだ。

王は民が真心を込めて育て集めた進上品を見て民の暮らしをうかがっていた

生きていくうえで、決して欠かせないのが食べる喜びではないか。私もやはり食べることがとても楽しい。主婦になって母になってからは、よりそうだ。

家でのご飯を好んで食べる夫のおかげで、午後４時になると「今日は何を作ろうか」という信号がアラーム時計のように頭の中に鳴り始める。熟成キムチを丸ごと入れたサバの煮物を食べようか？　[3]トンチミのスープに氷を浮かべ、そうめんを添えて出そうか？　カボチャの葉を切って味噌《トェンジャン》チゲを作ってみようか？　ねっとりとした黄色の卵と身が付いたカニの甲羅に白米を合わせてはどうだろうか？　さっと出掛けて[4]ケジャンを買ってこようか？　その味を想像した瞬間、ビビビと快感が走り、そして想像していたその味が舌先を覆う瞬間、うっとりもする。

ドキュメンタリーを準備している間、韓国料理だけでなく海外の料理に関するお話もいろいろ聞いた。ある人文学の教授から聞いた話だ。フランスのマリー・アントワネット（Marie Antoinette、1755～1793）王妃が、パンがなくて飢えている民に向かって「パンがないならケーキを食べればいいじゃない」と言ったという逸話は有名だが、それは事実ではない。しかしまるで事実であるように広まったのには、それなりの背景がある。フランス王室と貴族は、城壁の向こうに住んでいる民が何を食べて暮らしているかについて知らなかったのだ。しかし、朝鮮の王は御膳の上に置かれた進上品を見ながら民の生活を読み取っていた。御膳の前に座っても心安らかに食事をとることができなかった王が少々かわいそうでもあり、一方ではこのような君主を持った地で生きてきたということが誇らしくもある。

1　ソガリ…和名はコウライケツギョ。スズキ目の魚類。朝鮮半島の漢江などに分布する
2　中宗…李氏朝鮮の第11代国王。在位1506年～1544年
3　トンチミ…大根を塩水で発酵させた、汁ごと食べるキムチ。汁は冷麺のスープなどに用いられる
4　ケジャン…渡りガニの漬け物。しょうゆ漬けと、辛味味噌に漬けたものがある

朝鮮王朝時代、王に進上された特産物

朝鮮王朝時代、宮中に進上された地域の特産物には
面白い逸話が伝わる。その逸話を簡単に整理してみた。

京畿道《キョンギド》&ソウル

驪州《ヨジュ》・利川《イチョン》|米　300年前、朝鮮王室直営で栽培していた驪州の「紫彩米」は黄色い布の帆船に載せられて漢陽《ハニャン》の宮廷に進上された。

坡州《パジュ》|長湍大豆　坡州の長湍《チャンダン》地域は、1913年に朝鮮半島で初めて大豆の奨励品種として選ばれた「長湍白目」を誕生させた大豆の本拠地だ。

加平《カピョン》|松の実　全国の生産量の45%を占めている加平の代表農産物で、朝鮮王朝時代、王に進上された。

ソウル(京畿道・南楊州《ナミャンジュ》)|モッコル梨　朝鮮王朝時代、端宗《タンジョン》(6代王)を江原道・寧越《ヨンウォル》まで護送した責任者、禁府都事の王邦衍《ワンバンヨン》は任務を終えソウルに戻り、罪責感から官職を辞し烽火《ポンファ》山下の中浪《チュンナン》川辺りに居着いて住んだ。端宗を護送している途中、喉が渇いていく端宗に、一滴の水も与えるなという世祖《セジョ》(7代王)の厳命を守らなければいけなかった自分を恨み贖罪する気持ちで、筆墨を友としながら梨の木を育て始めた。生涯罪悪感に苛まれ続けた王邦衍は、死を前にして「寧越への道に埋め、周りには梨の木をたくさん植えてくれ」という遺言を残し、その後王邦衍が植えた梨の木が四方に繁殖して新内《シンネ》洞一帯が梨畑として名声を馳せるようになったという俗説がある。粛宗《スクチョン》(19代王)の時、現在のソウル市中浪《チュンナン》区木《モク》洞にあたる地の地名、モッコルを取って「モッコル梨」と称したが、糖度が高くおいしいので王に捧げたという記録がある。

全羅道《チョルラド》

全羅北道《チョルラブクト》　淳昌《スンチャン》|コチュジャン　淳昌のコチュジャンは、朝鮮王朝時代、太祖《テジョ》(初代高麗王)の時に進上していたその方法で作り、黒い色とほのかな香り、優れた味を誇る。

全羅道一帯|タケノコ　2月から生え始め、5月中旬まで採ることができるタケノコは生のタケノコと塩漬けのタケノコに分類される。生のタケノコは全羅道の谷城《コクソン》、広州《クァンジュ》、綾州《ヌンジュ》、淳昌、昌平《チャンピョン》などから進上され、塩漬けのタケノコは全羅道の求礼《クレ》、潭陽《タミャン》、玉果《オックァ》、長城《チャンソン》から進上された。タケノコを進上するようにした理由は、朝鮮王朝時代中ずっと、宗廟《チョンミョ》大祭のような国家的な公式祭祀でタケノコのキムチを、すすんで進上していたためだ。

全羅南道《チョルラナムド》　莞島《ワンド》|アワビ　李源祚《イウォンジョ》(1841年に済州牧使として赴任)の『耽羅誌草本』には進上品目が詳しく記録されている。進上品目のうち、とりわけ目につく「チョボク、インボク、ジョボク」という言葉があるが、これらはすべてアワビのことだ。

全羅南道　高興《コフン》|ザクロ　朝鮮王朝時代、正祖の時に発行された『貢膳定例』には、全羅南道の高興で栽培されたザクロが進上されたと書かれている。

済州島《チェジュド》

ミカン　朝鮮王朝時代、済州はミカンを進上するために各地で果樹園を運営していた。『経国大典』にその記録が残っている。本格的な果樹園の造成は1526年(中宗《チュンジョン》21年)、李寿童《イ・スドン》牧使によって成された。ミカンは祭祀用あるいは外国や国内の客の接待用として主に朝廷で利用した。早く熟す早生みかんや金橘に始まり、10日間隔で20回朝廷に進上した。

済州黒牛　『朝鮮王朝実録』や18世紀初めに作成された『耽羅巡歴図』『耽羅紀年』などには済州の黒牛(黒毛の牛)を王に進上したという記録が出てくる。現在も畜産振興院に血統が登録された済州の黒牛は136頭だ。

シイタケ　『世宗実録』の1421年正月の記録には、済州から進上された品として、温州ミカン、ユズ、コウライタチバナ、青ミカンに加えてシイタケとカヤの実などが紹介されている。

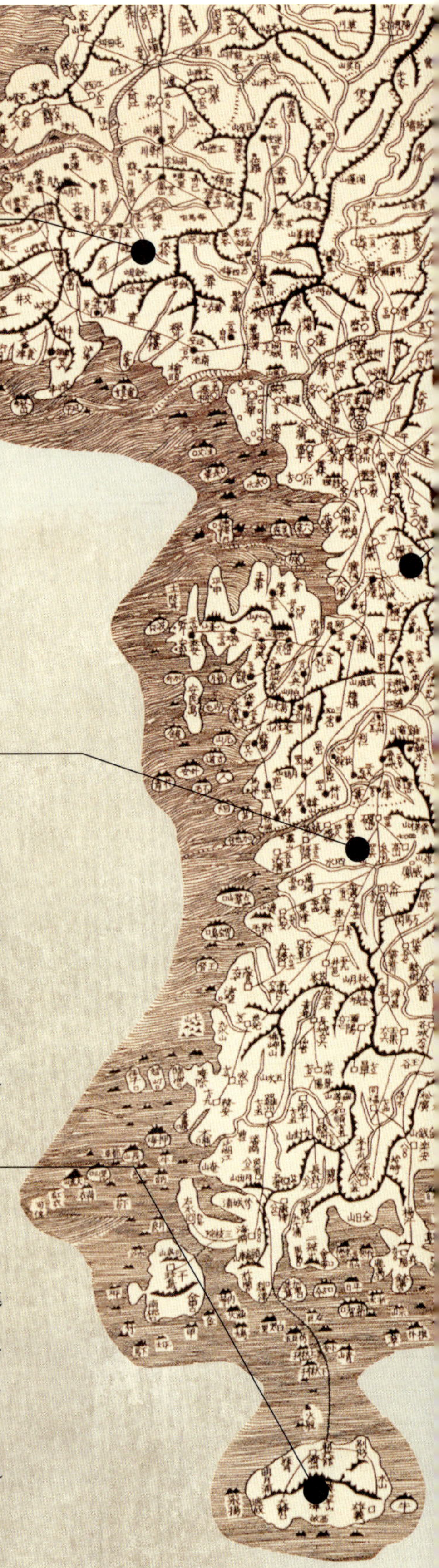

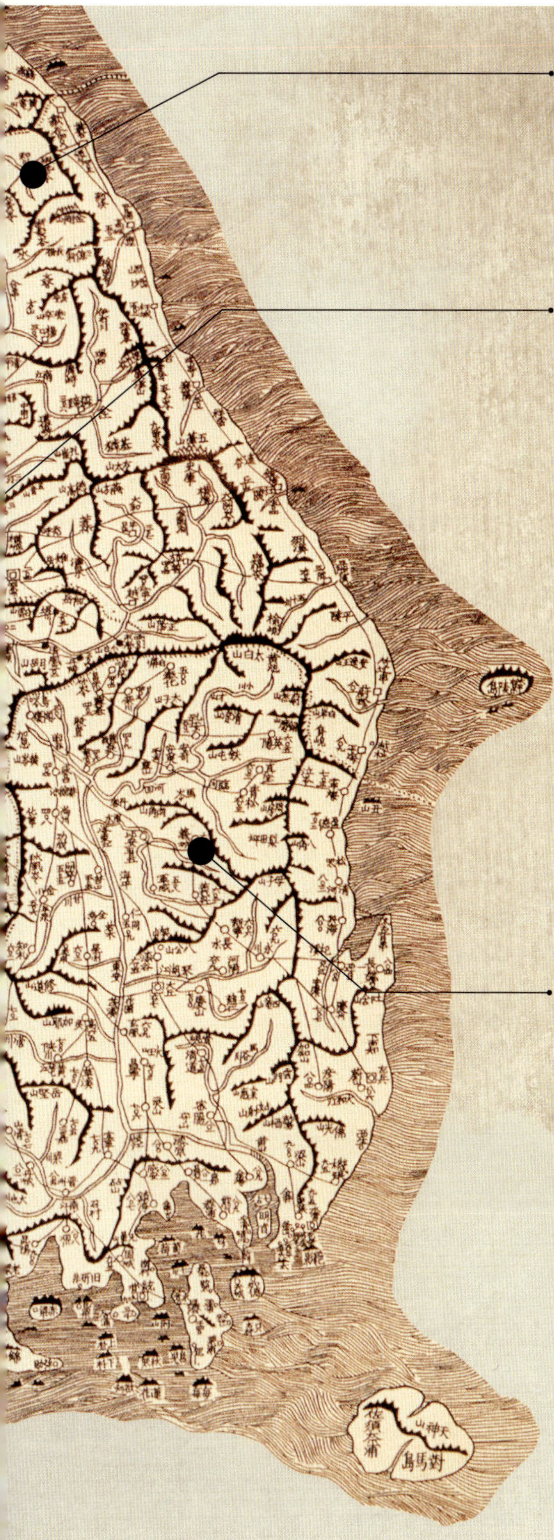

江原道《カンウォンド》

麟蹄《インジェ》｜蜂蜜　江原道・麟蹄で採れる蜂蜜はとりわけ甘くておいしく、江原道の観察使《クァンチャルサ》から進上する品目のうち、最も重要な役割をした。

三陟《サムチョク》｜厚浦《コポ》のワカメ　厚浦のワカメは高麗時代から中国に輸出されたという記録があるくらい歴史が深く、朝鮮王朝時代には王に上げる進上品として、宮中でのみ味わうことができる貴重なものだったそうだ。

忠清道《チュンチョンド》

忠清南道《チュンチョンナムド》　連山《ヨンサン》｜烏骨鶏　粛宗が重病を患っていた時に連山の烏骨鶏を食べて健康を取り戻したのをきっかけに、忠清地方の特産品として毎年王に進上されたそうだ。さらに、連山に住む通政大夫《トンジョンデブ》（道知事級の役職）の李亨欽《イ・ヒョンフム》という者が哲宗《チョルジョン》（25代王）に進上したという記録がある。

忠清南道　瑞山《ソサン》｜牡蠣　西海岸地方の天然の牡蠣は味と栄養価が優れていて宮中に進上されたと評価した記録が『正祖実録』に載っている。西海岸で採取した牡蠣はその生産時期が冬だったとしても、司饔院まで運ぶ過程で鮮度を落とさぬよう、駅のところどころに氷を積んでおき、途中途中で氷を補って運んだ。さらに、牡蠣の塩辛である石花醢《ソカヘ》は現地で作って捧げたのだが、どれだけ貴重でおいしかったのだろうか、明の皇帝に貢物としても送られた。

忠清南道　保寧《ボリョン》、唐津《タンジン》、徳山《トクサン》など｜ボラ　朝鮮の４代王世宗が即位して11年目の1429年、明の朝廷は魚の干物を手に入れるために朝鮮に遣いを送った。彼らは帰国の際に干したボラをなんと440匹も持って行ったと伝えられている。このように明と朝鮮王室の間で最高級の魚として待遇していたのがボラだ。冷蔵施設が発達していなかった朝鮮王朝時代に生物であるボラは主に忠清道から進上され、干物のボラはより遠い全羅道から進上された。

忠清北道《チュンチョンブクト》　報恩《ボウン》｜黄土ナツメ　許筠の『屠門大嚼』には「ナツメは報恩で作られたものが一番だ」と記録されており、『世宗実録地理誌』と『東国輿地勝覧』にも「報恩のナツメは王に進上される名品だ」という文が出てくる。

慶尚道《キョンサンド》

安東《アンドン》、盈徳《ヨンドク》、奉化《ボンファ》｜アユ　洛東江《ナクトンガン》の進上品であるアユを保管するために英祖が作った「安東石氷庫（国宝第305号）」がある。

慶尚北道《キョンサンブクト》　尚州《サンジュ》｜干し柿　尚州の干し柿は『睿宗実録』に、王に進上した記録が残っており、1530年に書かれた『新増東国輿地勝覧』にも記録されているほどに由来が深い。

慶尚北道 盈徳《ヨンドク》、蔚珍《ウルチン》｜ズワイガニ　高麗末の学者で政治家の権近《クォングン》の『陽村集』を見ると、次のような記録がある。「西暦930年、太祖が安東の河回《ハフェ》村付近の屏山《ピョンサン》書院で甄萱《キョンフォン》の兵を打ち破り、この時、安東地方の有志以外にも、当時寧海《ヨンヘ》府を管理していた寧海朴氏《ヨンヘパクシ》らが土豪勢力として戦闘を助けた」というものだ。これに応えて太祖が寧海と盈徳に寄って慶州《キョンジュ》に行き、その際、太祖が今の丑山面景汀里《チュクサンミョンキョンジョンリ》・車踰《チャユ》村で盈徳ズワイガニを初めて食べたと伝わっている。その優れた味を認められた盈徳ズワイガニは朝鮮王朝時代に至るまで、王の水刺床に進上される進上品としての座をつかんだ。

朝鮮初期に地方特産物が中央に朝貢された際、王の水刺床にズワイガニを並べてみた。しかし、それを食べる王の姿が威厳を欠くと、しばらくの間は水刺床にズワイガニが並ぶことはなくなった。しかし、このおいしさを思い出した王が臣下に再びズワイガニを出すように命じた。王の命を受けた臣下がカニを手に入れるために宮廷の外に出て数カ月さまよった末に、今の盈徳郡丑山面竹島《チュクト》で漁師が捕まえたカニを手に入れた。

慶尚南道《キョンサンナムド》 南海《ナメ》｜ユズ　冬至の月にミカンと一緒に進上された食べ物で、朝鮮王朝時代、色を出す薬味や香りを出す調味料として使われた。

朝鮮の君主、御膳によって通じる

御膳を通じて民と疎通しようとした朝鮮の王の意志が垣間みられるのは、素朴な水剌床だけではない。干ばつや台風などの天災やはやり病によって民が苦しんでいる時は、水剌床もまた受難を味わわなければならなかった。民の苦痛を共に分かち合うため、王はおかずの数を減らす「減膳」と肉料理を並べない「撤膳」を行ったという事実も、ドキュメンタリーを撮影していて新たに知った。[1]成宗《ソンジョン》12年7月に干ばつによって朝鮮の万民が苦しんでいた。成宗は中宮殿《チュングンジョン》(王妃が暮らす宮殿)と大殿《テジョン》(王が暮らす宮殿)に出す昼食は水飯床《スバンサン》にしろと[2]承《スン》政院《ジョンウォン》に命を下す。水飯床とは今日で言えば水に浸したご飯だ。白飯を水に浸し、おかずは薬コチュジャンと干したイシモチ、大根の和え物で全部だった。単に成宗の逸話だけではない。『朝鮮王朝実録』にはなんと1000回を超える減膳の記録が登場する。一度減膳をしたら短くても3〜4日、長ければ1週間から10日間行われたそうだ。子どもがつらければその子どもよりもつらいのが父の心だ。子どもが飢えていたら素晴らしいごちそうを目の前にしても喉を通らないのが父の愛だ。減膳制度だけを見ても朝鮮の王は万民の上に君臨する君主ではなく万民の父であろうとしたことが感じられる。

シン・ビョンジュ教授は「朝鮮王朝は王権が強い国でもなく、対外的に力のある国でもなかったが、なんと500年の間、この地を統治しました。500年は相当長い期間です。その裏には民を子どものように面倒を見なければいけないという性理学の精神があったからかもしれません」と言う。しかし、朝鮮王朝時代のすべての王が減膳と撤膳制度を徹底して守ったのではなかった。朝鮮王朝500年の間に27人の王がいた。彼らの中には聖君もいただろうが暴君もいただろう。ところが、とても不思議なことに27人の王のうち、減膳の記録を残さなかったのはたった二人だけだそうだ。それは10代王・燕山君《ヨンサングン》(1476〜1506)と15代王・光海君《クァンヘグン》(1575〜1641)だ。

1　成宗…李氏朝鮮の第9代国王。在位1469〜1494年
2　承政院…国家機密を扱った国王の秘書室に該当する機関

粛宗7年（辛酉年1681年）『国朝宝鑑』

「地震の異変までもが数日の間に繰り返し起きているので、何かの災いが暗闇に潜んでいる。慈愛に満ちた天が、それほどにも明らかに警告を下しているということか。静かに考えてみると、罪は私一人にあるのであって、ご飯を食べても寝ても安らげず、どのようにすればいいのかわからない。承旨《スンジ》は私の代わりに[4]教書を作成して正しい意見を多方面に求め、私の未熟な点を正せるようにし、その他に減膳、撤膳、禁酒などもして、該曹に命令することには、今すぐ執り行うように」

英祖47年（辛卯年1771年）『国朝宝鑑』

5月、干ばつになった。御膳が6つだということで自分をとがめ、減膳するよう命じた。雨が降るようになるや、礼曹が膳を元に戻すよう請うたが、上が言うには「各道に等しく降ったかわからない」と許可しなかった。

正祖19年乙卯（1795年10月17日）『朝鮮王朝実録』

「私一人の徳が足りず、天の御心をきちんと喜ばせることができなかったせいで不穏な現象が時ならずして起きたので、災いを消滅させ改善する策にあっては、何よりも私自身が責任を取らなければならない。今日から3日間、減膳するようにしろ」

[5]純祖《スンジョ》28年（戊子年1828年）『国朝宝鑑』

10月、命じるには「7～8日の間に2回も冬の雷が鳴る警告があった。災いとは訳もなく起きるものではない。私に過ちがあったからなので、恐ろしく震える気持ちが前より倍もつのる。減膳し、5日間正殿を避けている」と言った。

1　都承旨…王命の伝達と王への報告を行う官庁の長官
2　左承旨…承政院の役職の一つ
3　堤調…王の身辺の世話をする係
4　教書…王の見解や課題を述べるもの
5　純祖…李氏朝鮮時代の第23代国王。在位1800年～1834年

『朝鮮王朝実録』と『国朝宝鑑』に登場する減膳の記録

国に凶事があるたびに民のことをまず考えた王。
まるでドラマのワンシーンを見るように、[1]都承旨と王の会話を頭の中で描いてみると、
われ知らず胸が熱くなってほろりとする。

世宗22年（1440年4月22日）

「干ばつがとてもひどく将来が心配なので、私が減膳をしようと思う」と言うので、
[2]左承旨《チャスンジ》・成念祖《ソンヨムジョ》が「今年は干ばつがすごくひどいという境地には達しておらず、
禾穀も枯れてはいないので、減膳はおやめになることを願います」と申し上げると、
「状況を見て徐々に減膳する」と王がおっしゃった。

成宗12年（1481年7月12日）『朝鮮王朝実録』

王が承政院に「干ばつがすでにとてもひどいので、午前に進上する魚肉を減らし、
また、私と中宮（王妃のこと）の昼水刺《ナッスラ》は水飯のみ並べるようにしろ」と命ずるので、
承政院と司饔院の[3]提調《チェジョ》が、
京畿から進上する品は減らさないようにと請うたけれど聞き入れられなかった。

第２章　王の御膳から庶民の食膳まで

風や陽射しから感じられるわずかな変化。汶湖里《ムンホリ》では季節のうつろいをより身近に感じられる。街路樹が色付いて初めて秋であることを実感する都市での暮らしとは違い、田舎の秋は道端の一輪の野花、虫の鳴き声、そして実っていく穀物や実の一つひとつまで、秋を伝えてくれるものとなる。

裏道の向こうで、隣のおばあさんがサツマイモを収穫なさると言うので子どもたちと一緒に暇つぶしにおばあさんの菜園に行った。おばあさんがすっすっと何回か鎌で掘り出すと、大人の拳ほどのサツマイモがたくさんついた蔓がするするっと掘り出される。なのに、どうして私がやるとばらばらに切れて掘り出されるのだろう？

一蔓のサツマイモを掘るのにもノウハウが必要なようだ。それでも私が掘ったもの、おじさんが掘ったものまで、根こそぎわが家のかごに入れて運んだ双子のおかげで、わが家のかごはたちまちいっぱいになった。おばあさんだけでなく、あの家この家、収穫したものを分けてくれる隣人たちによって、秋の豊かさを満喫できるのも都市とは違う点だ。そのようにして秋が熟していく頃、私はまた別の朝鮮王朝時代のお膳を探しに慶尚北道《キョンサンブクト》の英陽《ヨンヤン》へ旅立った。

350年、両班の家の食膳を探す旅

薄暗い明け方に家を出てから、なんと5時間、車の中でこくりこくりと居眠りしていたらいつの間にか英陽のトドゥル村に到着した。色とりどりの縞模様の古木の間に、手を伸ばせば触れるほど近くに軒と軒が向かい合って並ぶ韓屋が古めかしい雰囲気を醸し出している。この村の最も内側に[1]載寧李氏《チェリョンイシ》の家筋の本家がある。赤黒いツタで覆われている土塀を過ぎ、大門の中に入るや350年前、朝鮮王朝時代に主人の居間として使っていた棟が目に入ってくる。あの時代の台所の秘密を探るのに、これより適切な場所が他にあるだろうか。載寧李氏の家筋の13代本家の一番上のお嫁さんであるチョ・グィブン女史の案内を受け、350年前の朝鮮王朝時代の料理の秘法が載っている書籍『飲食知味方』と向かい合った。

『飲食知味方』は350年余り前、[2]石渓《ソッケ》・李時明《イシミョン》先生の夫人だった[3]張桂香《チャンゲヒャン》が書いた料理書だ。東アジア初の女性が書いた料理書として知られているこの本には、スープ、餃子、餅などの麺餅類から魚肉類、野菜類はもちろん、酒を作る方法やジャンを漬ける方法まで、なんと146種の料理の調理法が載っている。子どもを10人育てて還暦を迎え、その翌年を過ぎて張桂香はこの本を書いたというので、その熱意と労苦に感嘆せざるを得ない。本の末尾には「この本はこんなにも目が悪い中、やっとのことで書いたので、この志をこのまま試行し、娘たちはそれぞれ書き写すのはいいけれど、この本を持ち出そうとは思いも、考えもしないように。どうか傷まないように保管し、たやすく喪失するようなことのないように」と頼み込む言葉をお書きになった。この言葉を読むと、家柄の伝統をつなごうとしたおばあさんの気持ちがひしひしと伝わってくるようだ。張桂香おばあさんの労苦のおかげで私のような者が350年前の料理を頭の中に描くことができるので、どれほど感謝すべき幸福なことかわからない。

聖櫃を発見した『インディ・ジョーンズ』の主人公、ハリソン・フォードの心

350年前、張桂香が書いた東アジア初の女性調理書『飲食知味方』と向かい合う

情で『飲食知味方』のページを慎重にめくると、あちこち興味深い文章が目に付く。

「新鮮な肝付きのアワビは、ごま油を塗って素焼きのつぼに詰め込み、１杯のごま油を注いでおくと、時間が経っても生きているように新鮮だ」、「小麦粉でおかゆを作り、おかゆに若干の塩を混ぜて新しいかめに入れる。モモをおかゆの中に入れてしっかり封をしておくと、冬に食べても旬に食べるのと同じだ」。

冷蔵庫がなかった時代ではなかったのか？ アワビのような海産物や、モモのように足の早い果物を保管するのは簡単ではなかっただろうが、おばあさんはそれらの材料を新鮮なまま保存するノウハウを本にお書きになった。本に書かれたことは、おばあさんの知恵だけではない。おばあさんの手作りの味を感じられる文章もある。

「イクラは日干しにして、使う時に水で戻してからしょうゆだれで煮詰める。また小さい瓶に入れてから地中に埋めて使いもするし、しっかり塩漬けにして使いもする」。当時、宮中と両班の家で好んで食べていたイクラを保管して調理する秘法だ。

牛肉をおいしくゆでる方法もお書きになった。「強火にかけて水が沸騰したら牛肉を慎重に入れた後、弱火にして煮詰める。この時、ふたをすると肉に毒性が生まれる。もし古くなってかたい肉だったら、つぶしたアンズの種と一握りの枯れ葉を入れて一緒にゆでると、肉が柔らかくなる」。

いくつかの文章を読んだだけでも張桂香おばあさんの料理の腕前がチャングムに劣っていないことを推測できる。チョ・ヴィブン女史や「飲食知味方研究会」の会員の皆さんの助けを受けて、張桂香おばあさんの味を習うことにした。料理書でおばあさんの筆談に先に触れたからか、宮中料理を習う時とはまた違ったときめきが私を包む。今日習う料理は全部で５つ。ピンジャボプ、チャプチェ、冬瓜《トンア》ヌルミ、魚饅頭《オマンドゥ》、ヨンゲチムだ。

1　載寧李氏…李時明が丙子胡乱を回避してやって来て開拓し、
　彼の後世である載寧李氏たちが村を形成した

2　石渓・李時明…石渓は称号。159~167。朝鮮後記の学者

3　張桂香…安東張氏夫人と呼ばれる

閨壼是議方

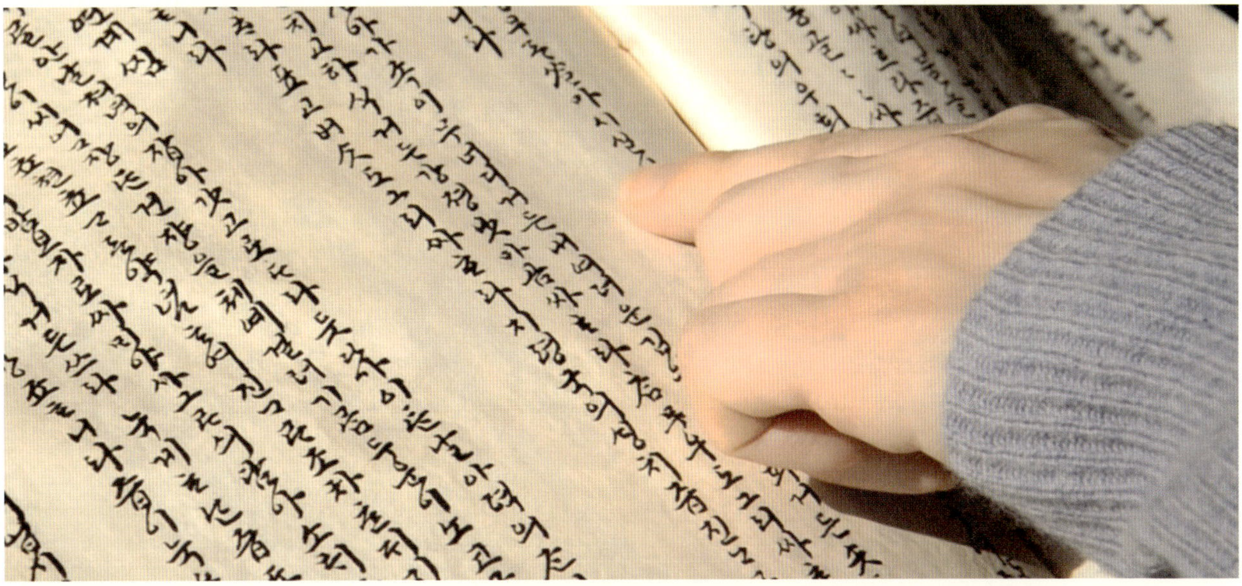

1ピンデトックの元祖、ピンジャボプ

皮を剥いた緑豆を粉にして練った生地を、熱したフライパンの上に流し、その上に蜂蜜で練った小豆の餡(皮を剥いた白小豆でつくった餡)を乗せ、再び生地で覆ってこんがり焼いたものがピンジャボプだ。甘く香ばしい味に誘われ、私の食い意地が発動し始めた。それに甘党である私には、蜂蜜漬けの小豆の甘さを振り切るのは容易ではなかった。フライパンで焼き上がるや否や、箸を持つ間もなく手にとる私の姿を見て、帰りに材料を持たせてくれたチョ・グィブン女史の豊かな仁愛なる心よ。料理をする方々は、心までもが温かいようだ。家に帰って子どもたちに作ってあげたら、普通の餅やパンよりもいいおやつになりそうだ。

ところで、生まれて初めて見るこのピンジャボプという料理が、私たちが好んで食べるピンデトックの始まりだったというお話を聞いた。最近ではピンデトックをおかずとみなすが、朝鮮王朝時代のピンジャボプは餅類に属する料理だった。

大田《テジョン》保健大学伝統調理学科のキム・サンボ教授のお話では、1634年に編纂された『迎接都監儀軌』に、明の使臣の接待に出した料理のうち餅子《ピョンジャ》という料理が記録されているという。そこには緑豆を石臼でひいてごま油で焼いたものという説明がある。またその10年後に書かれた別の『迎接都監儀軌』では全く同じ料理が緑豆餅《ノクトゥピョン》という名前で登場するそうだ。そして、それよりも後に書かれた『飲食知味方』には、緑豆粉のおやきに小豆の餡を入れた料理として「ピンジャボプ」が登場する。

ピンジャボプはどうやって今日のピンデトックに変化したのだろうか。ここにはいろいろな俗説があるが、小豆の餡の代わりにいろいろな野菜や山菜を入れてその量を増やして食べているうちにピンジャボプがピンデトックになったと言われている。

その名前の由来も面白い。ある本ではピンジャボプという名前が中国の餅の一種である「餅者《ピョンジャ》」から来たのだが、これが後に「貧者《ピンジャ》」、すなわち貧しい人が食べる餅《トック》だとして「貧者餅《ピンジャトック》」となり、そこからピンデトックに転じたという説や、ピンデ（韓国語でトコジラミ）が多いためにピンデ地域と呼ばれたソウルの貞洞《チョンドン》にプチムゲ長者が多く、そこからピンデトックと呼ばれるようになったという説もあるとのこと。名前の変遷史はどうあれ、今日庶民の代表的な食べ物として根付いたピンデトックが朝鮮王朝時代には両班の家や宮中で客に出した貴重な料理だったとは、これもまた不思議なことだ。

1　ピンデトック…緑豆の粉で作るチヂミ

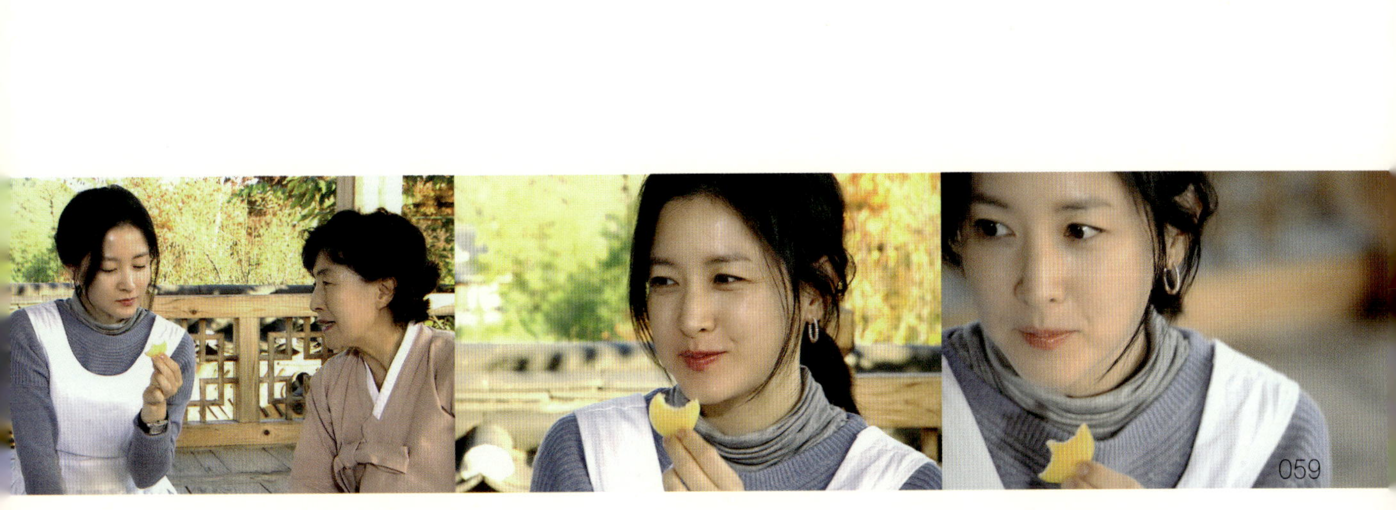

キジ肉を入れて宮中で好んで食べたチャプチェ

韓国人の宴の膳に欠かせない国民的な料理、チャプチェ。しかし、私たちがチャプチェを作るのに[1]唐麺《タンミョン》を使い始めて100年も経っていない。唐麺は胡麺《ホミョン》といい、もともと中国に由来する麺だ。1919年、日本人が[2]黄海道《ファンヘド》に唐麺工場を建てて唐麺を大量に生産したため、唐麺が韓国人の食卓に上がるようになり、それ以降、チャプチェにも唐麺が入るようになった。だとしたら朝鮮王朝時代のチャプチェはどのような姿をしていたのだろうか？

本家の一番上のお嫁さんが出した料理は今のチャプチェとは全然違う。本来、チャプチェの「チャプ〈雑〉」は混ざるという意味で、「チェ〈菜〉」は野菜を意味する。名前から感じられるように、「チャプチェ」の原形はさまざまな野菜を混ぜた料理だった。『飲食知味方』にはチャプチェの材料として、オイチェ(キュウリを小さく切ってジャン、コチュジャン、ごま塩、酢で和えたおかず)、大根、ヒラタケ、イワタケ、もやしナムルにトラジ、干しかんぴょう、ナズナ、ネギとタラの芽、ワラビにホウレンソウ、トウガン、そしてナスが並んでいる。20種類にもなる野菜が列挙されているが、季節によって入ったり抜けたりする野菜があったそうだ。

ひとまずこれらの野菜を現在のサイズで3.3cmほどに切ってそれぞれ炒めておく。ここに唐麺の代わりに入れるのが、キジ肉だ。キジ肉をゆでて細く裂いて入れた後、よくあくを取ったキジの出汁に倭しょうゆとごま油、そして小麦粉、コショウを入れて混ぜたたれをかけて食べる。さまざまな野菜とキジ肉が出合い作り出す独特な食感、淡白であっさりとした後味が絶品だ。そのあっさりとした味にほれてだろうか、光海君《クァンヘグン》は水刺床にチャプチェが上がらないと箸を取らないほどにチャプチェを格別に好んだという。チャプチェもまた宮中で好んで食べた料理だったようだ。

1　唐麺…サツマイモのデンプンの麺

2　黄海道…李氏朝鮮の行政区分朝鮮八道の一つ。
主要都市である黄州と海州から頭文字を取って命名された

『飲食知味方』から見る両班の家の食べ物、魚饅頭

今でこそ[1]饅頭はとてもありふれた、そのため料理とも言えないような食べ物だが、朝鮮王朝時代にはとても貴重な扱いを受けていた。朝鮮王朝時代、ほとんどの饅頭は小麦粉で作った皮ではなく、そば粉で作った皮を使っていたという。100年前まで、小麦は中国の華北地方から輸入しなければならず、金粉と同じくらい高価な食材だったのだ。小麦粉で作った麺や饅頭は宮廷であっても特別な日にのみ食べる、特別中の特別な料理だった。

「チャングムの誓い」で、チャングムとクミョンが饅頭を作る試験を受けるシーンが描かれた。ところが、チャングムがその貴重な真《チン》カル（今日の小麦粉のこと）をなくして饅頭の皮が作れないという危機に瀕する。その時、チャングムは機知を発揮して菘菜《スンチェ》（今日の白菜のこと）で皮を作って中にカボチャを入れた「菘菜饅頭《スンチェマンドゥ》」というものを作り出した。しかし、貴重な真カルをなくしたという理由で試験に脱落し、苦杯を飲んだことが思い出される。今考えると、小麦粉の代わりに白菜で皮を作ったこのシーンは、実にもっともらしい話だ。実際、朝鮮王朝時代には、料理の専門家なら誰もが、手に入れにくい真カルの代わりになるものを探したのではないだろうか。

『飲食知味方』に出ている魚饅頭もまた、小麦粉やそば粉ではなくボラの身を饅頭の皮として利用した独特な料理だ。ボラの身を薄く切り、ここに包丁を入れて饅頭の皮を作る。そして、刻んだ牛肉とイワタケ、松の実の粉を炒めて餡を作っておく。餡を薄く切ったボラの身の上に置いて、片栗粉をふり、しっかりと巻いたら、三日月型に素早く成形し、蒸し器で蒸せばこれが魚饅頭だ。小麦粉が一般的になった最近では珍しくなった魚饅頭だが、朝鮮王朝時代には小麦粉で作った饅頭よりもこの魚饅頭の方がありふれていた。

朝鮮王朝時代には小麦粉で作った饅頭よりも魚饅頭の方が一般的だった

その他にも味噌やショウガ、コショウ、山椒を若鶏の中に入れて蒸したヨンゲチムだとか、いろいろなきのこと大根の千切りを薄く切った冬瓜の実で巻いた冬瓜ヌルミ、卵を入れて練った麺にキジの出汁を掛けて食べる卵麺《ナンミョン》もある。『飲食知味方』に登場する料理は、初めて接する人には料理名も調理法もなじみがないだろう。300年の時が流れる間に、私たちの食卓に上がる食材も、またその味を楽しむ人たちの好みも変わった。『飲食知味方』の料理が見慣れないと感じるのは当然のことだ。だが、私にはこれらの料理がそれほどなじみがないとは感じられない。「チャングムの誓い」に登場した料理もあり、去る夏に宮中料理を習った時に接した料理もあるからだ。

改めて考えてみると、朝鮮王朝時代の宮中料理とトゥドゥル村で出会った載寧李氏の家の料理はとても似ている。宮廷があった漢陽《ハニャン》から慶尚北道・英陽までは300kmを超える距離だ。今でこそインターネットやテレビを通じて全国八道のおいしい店や珍味はもちろん、地球の裏側にある食べ物すら簡単に接することができるが、300年前の300kmという距離は地球と月くらい遠く感じられたのではないだろうか。水剌床に並んだ料理の調理法が、慶尚北道の両班の家までどのようにしてそっくりそのまま伝わったのか、とても気になる。朝鮮王朝時代の料理文化を知れば知るほど、たくさんのパズルのピースを前にした子どもになった心情だ。パズルのピースが一つひとつ場所を見つけて合わさったとき、どんな形が現れるのだろう。

1　饅頭…日本でいう餃子のこと

謏聞事說

謏聞事說

両班の家の食べ物の秘密が宿った『謏聞事説』にはまる

芸能界にデビューして顔が知られ始めてから、図書館に行くことはほとんどなくなった。もちろん、デビューした後も大学院の修士課程を踏む間に学校の図書館を何度か訪れたことはあるが、今ではそれすらも記憶がおぼろげだ。ところが、今回のドキュメンタリーを撮影する中、図書館を、それも韓国で最も多くの人が訪れるという中央図書館を何度も訪れた。幸い、私が訪ねた古文書室は人影がまばらで、人がいても本に夢中で私に気付く人はほとんどいなかった。

中央図書館を訪れるたびに図書館の司書や文献の専門家の助けを受けたりした。実のところ、料理というふわふわと柔らかい話がいくら載っているとしても、古文書というものは、とても面白いとか興味がそそられるようなものではない。ある本は、1行1行ほじくり返して解説まで付ける司書や専門家に申し訳ないほどに退屈で、何回読んでも頭の中に入ってこないものもある。

もちろん例外もある。『謏聞事設』がそんな本だ。『謏聞事設』を一言で表現するなら、18世紀バージョンの百科事典と言うべきだろうか。『謏聞事設』を開いた瞬間、私は18世紀という、まったくなじみのない珍しい世界に旅立ったような錯覚に陥った。

肅宗の[1]医官《イグァン》を務めた李時弼《イシピル》（1657～1724）が周囲で見聞きした話を書いたのが『謏聞事設』だ。この本には当時海外から朝鮮に入ってきたいろいろな珍しいものからさまざまな疾病の治療法、そして当時両班の家で好んで食べていた食べ物の調理法に関する話が載っている。

もちろん、私の最大の関心事は料理！　李時弼はいろいろな料理に関する話を「食治方《シクチパン》」という項目に別途整理したが、ここには朝鮮王朝時代の珍しくも奇異な料理の話がいっぱい載っている。その上、李時弼のウィットに富んだ文言のおかげで読み物としても十分に面白い。『謏聞事説』に登場する料理の中で興味のある物をいくつか紹介しようと思う。

まずは「鶏蛋湯《ケダンタン》」。聞いたことのある人はいるだろうか？　はじめ、響きが似ているので[2]鶏卵湯《ケランタン》を指す言葉だと思った。ところが鶏卵湯とは全く違う料理だ。李時弼は本の中で、「私が[3]燕京《えんけい》に行った時、すぐにこれを味わった。味は軽く柔らかで淡白だ。これを、わが国に帰ってきてから再現した。燕京の料理はすべて豚の脂で火を通して作るのだが、豚の脂の代わりにごま油でやってみたら豚の脂の物足りずひっかかるような拒否感を感じなかった」と紹介している。熱した鍋に十分なごま油を引いた後、あらかじめ溶いておいた卵を鍋に入れて火を通して食べるこの料理は、18世紀に燕京で流行していたという。後日、宮中料理研究院を訪ねてハン・ボンニョ先生に鶏蛋湯の再現をお願いしたが、その調理法はまるでオムレツのようで、見た目は西洋のスクランブルエッグを思い出させた。朝鮮王朝時代にもオムレツやスクランブルエッグがあったということがとても不思議だ。

また、日本で食べた料理として「[4]可麻甫串《カマボコッ》」を紹介している。『謏聞事説』に登場する「可麻甫串」は現在私たちが食べるオムク（魚の練り物）とは調理法に多少の違いがある。「魚の身を薄く切った後、豚肉、牛肉、きのこ、ナマコ、ネギ、唐辛子などを刻んで作った餡を乗せて、巻物を巻くように丸く巻いて蒸して食べる」。この文章に書かれた通りなら、いろいろな材料を魚の身でのり巻のように巻いてこれを蒸して食べたということだが、当時日本式の魚の練り物は、魚の身をすり潰して作ったのではなく、「魚巻き」に近い形だったようだ。

鶏蛋湯は調理法がオムレツと似ていて、その見た目は西洋のスクランブルエッグを思い出させる

その他にも日本から入ってきたという[5]西国米や沁陽（中国湖南省北部地域）で食べたという蒸豚《チュンドン》も登場する。朝鮮王朝時代500年の間、お膳に最も大きな変化があった時期が朝鮮後期だそうだ。朝鮮後期に入って、清と倭を行き来する貿易が賑わって多様な調理道具や外国の食事が入ってくるにつれ、朝鮮の食卓も変化し始めた。宮中料理の代表として知られる「神仙炉」、その神仙炉という料理が初めて登場したのも『謏聞事設』だというので、おそらく朝鮮後期に入って誕生した料理だろう。

前で話したように、チャングムを演じる前、ハン・ボンニョ先生に二十を超える宮中料理を習った。その中でも最も記憶に残った料理のうちの一つが神仙炉だった。記者や知人に「宮中料理の中で、自分でできる料理は何か」と聞かれたらいつも神仙炉を一番に挙げたりした。それもそのはず、もともと宮中料理といえば一番に思い浮かぶ料理が神仙炉だというだけでなく、豪華な見た目も、入る品や材料の多様性も、何を置いても神仙炉にかなう料理はない。豚肉で作った肉団子や、牛肉はもちろん牛の胃や肝臓、心臓が入り、ここに魚やイガイ、ナマコが加わり、ニンニク、サトイモ、きのこ、セリに至るまで、さまざまな山海の珍味がすべて入る。それだけでなく、器の真ん中にそびえている柱の中に炭を入れて即席で熱して食べる汁物なので、見た目も風情がある。だが、もともと神仙炉という名前は煙突が付いた鍋の名前であって、料理の名前ではなかったそうだ。本来の料理の名前は「悦口子湯《ヨルグジャタン》」。意味を解くと、「口に合うおいしい汁物」くらいに解釈できそうだ。悦口子湯が神仙炉と呼ばれ始めたのも1900年代に入ってからだというので、『謏聞事設』には当然、神仙炉ではなく悦口子湯という名前で記録されている。李時弼は『謏聞事設』でこの神仙炉という器が中国から伝わったとし、この器で作った悦口子湯が屋外での集まりや冬の夜に集まって座って酒の席を開く時にとてもいいと説明している。面白いのは、この料理は一人で食べるとおいしくなく、何人かが集まって一緒

神仙炉は『謏聞事設』で初めて登場した料理で、朝鮮後期に誕生したようだ

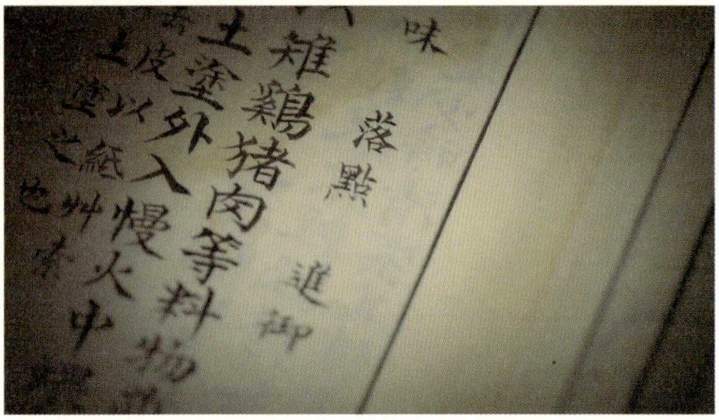
味
落點
進御
雉鷄猪肉等料物
土塗外入慢火中

以餡物餘味作汁浸埋食之
黃雌鷄餛飩
雌鷄二首雄一首
爛剉作泥入油醬
次重篩極細以水
薄如紙以竹

に分けて食べてこそおいしいと付け加えたというところだ。

『謏聞事設』を読んで、以前中国に行った時に食べた「火鍋」が思い浮かんだ。火鍋の器と神仙炉の器はとても似ている。器の中に煙突があるところといい、煙突の周りのくぼみにスープを入れるところも。ただ、すべての材料を一緒に入れて沸騰させて食べる神仙炉とは違い、火鍋は各種野菜と牛肉または羊肉を熱いスープでさっと火を通して食べる方式だ。一言で、中国式しゃぶしゃぶと言おうか？　調理の方法も入る材料も味も違うが、数百年前に同じ器を見て中国人は火鍋という料理を、韓国人は神仙炉という料理を開発したのではないかと思う。

　両班の家の料理と宮廷の料理がどうして違わなかったのか、その糸口を解いてくれるのも『謏聞事設』だ。古今東西を問わず、厨房で調理をするシェフが名声を得始めたのは最近のことだ。たった100年前でも、厨房で料理を担当するのは身分の低い人で、いくらおいしい料理を出したとしても彼らの名前をいちいち記憶する人はいなかった。ところが、李時弼は職位の高低を問わず料理を作る人を記憶しようとした。

　プンオクイ（フナの焼き物）は[6]司僕寺《サボクシ》で下級宮吏として働いていたチ・ヨンナムが作ったと書いてあり、またプンオチム（フナの蒸し物）は自学院で[7]主簿の官位を務めたミン・ゲスという人の家にいた奴婢チャスンが作ったと書いてある。どんな料理を誰が開発したのか、またこの料理を習っていったのが誰なのか、そしてその味はどうだったのかまで詳しく書いてあるのを見ると、李時弼はとても細やかで几帳面なお方だったようだ。おかげでどんな料理がどこでどのように伝わったかを知ることができるので、顔も見たことのない李時弼という方に、ただただお礼を言いたい。

『謏聞事說』には「黄雌鶏餛飩《ファンジャゲホンドン》」という料理が登場するが、名前がとても難解だ。「黄雌鶏」とは、材料に使われた黄色い雌鶏とキジのことで、「餛飩」は餃子のこと。名前からわかるように、黄色い雌鶏とキジの肉の皮で作った餃子を黄雌鶏餛飩という。そうして作った餃子は出汁に浸して食べる水餃子と似た料理だ。この料理は司饔院で働いているクォン・タソクが作り、これを宮中の調理師である料理人ノクセとイドリが習得したと書いてある。両班の家のおいしい料理が宮中に伝わったことがわかる部分だが、そのようにして伝わったのは黄雌鶏餛飩だけではない。

『謏聞事說』には王に捧げた料理に関する記録が多数登場する。おいしいからと王から頼まれて捧げたという冬瓜の蒸し物、料理人パク・イドルが作って水刺床に出したというサトイモの餅、お体が弱くなった[8]景宗(1688～1724)を元気づけるために捧げたというフナのおかゆも王に選ばれし者の座についた料理だ。

1 医官…内醫院に属し、医術に従事する官僚
2 鶏卵湯…溶き卵のスープ
3 燕京…北京のこと
4 可麻甫串…日本の「蒲鉾」を語源とし、韓国語音の漢字をあてはめたもの
5 西国米…サゴヤシから作られるサゴパールのこと。タピオカに似ているが、タピオカより粒が小さい
6 司僕寺…朝鮮王朝時代の輿馬〈王が乗る輿と馬〉、廏牧〈牛や馬を育てる所〉、牧場に関する仕事を管掌するために設置された機構
7 主簿…主要官庁における従六品の官職名。記録や文書の管理を司っていた
8 景宗…李氏朝鮮の第20代国王

『謏聞事說』には黄色い雌鶏とキジ肉の皮で餃子を作って出汁に浸して食べる水餃子と似た黄雌鶏餛飩が紹介されている

王に進上された料理（『謏聞事説』より抜粋）

冬瓜蒸《トングァチュン》（冬瓜の蒸し物）

小さい冬瓜に穴を開けて中身を出した後に、キジ、鶏、豚肉などいろいろな材料と[1]キルムジャン少々を、プンオチムのようにたっぷり詰める。それを紙で包んで周りに土を塗り、弱火で火を通す。取り出すと冬瓜がとろとろに柔らかくなっている。

芋餅《ウビョン》（サトイモの餅）

柔らかくて良質なサトイモを掘って素早く洗った後、フタをしたままゆでて火を通す。完全に火が通ったら数人で皮を剥き、すばやく蜂蜜を入れる。竹串で刺して蜂蜜がよく染み込むようにし、熟した栗の粉や松の実の粉で衣を着けて温かいうちに食べる。

熩鮒魚（フナの焼き物）

大きなフナの腹を割いて内臓を取り除き、うろこは捨てずにきれいに洗う。それを黄土の泥でしっかり包み、紙でさらに包んだ後に再び縄で結び、弱火で火を通す。泥を取り除くとうろこや皮が身から自然にはがれる。魚を器に盛って塩を振って温かいうちに食べるととてもおいしい。

黄雌鶏餛飩

黄色い雌鶏2羽とキジ1羽をゆでて肉をほぐしておく。ほぐした肉にマツタケとネギ、ニンニクを入れて刻んだ後、キルムジャンを入れて炒めて餡を作っておく。小麦粉を練って紙のように薄い餃子の皮を作っておき、餡を入れて餃子を作る。鶏とキジをゆでたスープに餃子を入れて一煮立ちさせたら、どんぶりの半分まで餃子とスープをほどよく盛る。食べる時、ネギとニンニクを入れた酢じょうゆを添えるとよりおいしい。

藕粉粥《ウブンチュク》（レンコンのおかゆ）

レンコンを土から抜いて、レンコンとレンコンの間の節の部分は切って捨て、残った部分をきれいに洗う。皮を剥いて薄切りにし、天日干しした後、石臼でひく。これをふるいにかけて粉1両《ニャン》（37・5g）と粉砂糖2銭《トン》（7・5g）を器に盛り、冷水を少し入れてよく混ぜた後、熱湯を注ぎながらかき混ぜる。

1　キルムジャン…油をベースにした合わせ調味料

王家と両班、食べ物で情を分ける

おいしくて風変わりな料理が、下から上に行くのはそれほど驚くべきことではない。昔も今も洋の東西を問わず良くて珍しいものは権力者の前に置かれるのが当然の理ではないか。ところで、「イ・ヨンエの晩餐」の諮問を引き受けてくださった湖西《ホソ》大学のチョン・ヘギョン教授は朝鮮王朝時代の料理が下から上にだけ進上されたのではなく、上から下に降りてくることもあったとおっしゃる。また、上下間の料理の交流の話をする前に朝鮮王朝時代という社会の特性を知っておかなければいけないと話を切り出した。

朝鮮王朝時代は強力な王権の国ではなかった。むしろ[1]士族の国、両班の国という表現が合うほど両班の文化が発達した国だった。そのため、王家と士大夫の間で頻繁な文化交流が行われたが、その中でもとりわけ料理を通じた交流が活発だったそうだ。おかげで、両班の家で珍重されていた料理が宮中に伝わりもしたし、宮中でのみ食べていた珍しい料理が両班の家に降りてきたりもした。このように、朝鮮王朝時代の多様な料理文化の裏には階層を超える交流があったというのが、チョン・ヘギョン教授の説明だ。

よく宮中料理は韓国料理の神髄だと言われる。宮中料理の神髄を加減なく見せてくれるのが宮中の宴の料理だ。宮中の宴は王や王妃の誕生日、もしくは世子の誕生や対外政策、王室の婚礼など王室にお祝い事があったり国家に記念すべきことがあったりした時に開かれた。宮廷の宴はその規模によって進宴《チニョン》、進饌《チンチャン》、進酌《チンチャク》などさまざまな名前で呼ばれるが、宮廷で宴が開かれるたびに宴の規模や行事の順序、そして参加者はもちろん宴に出す料理まで、そのすべての過程を詳しく記録しておいた。それらの記録を通じて華麗でありながらも繊細だった宮中料理の面々を垣間見ることができる。

1887年、景福宮《キョンボックン》の万慶殿《マンギョンジョン》で[2]神貞《シンジョン》王后趙《チョ》大妃（陰暦1808～1890）の80歳の宴が開かれた。万慶殿の一番端に座った数十人余りの楽士は[3]風楽を演奏し、幕の向こうでは踊り手たちが宴に興を加えている。これを満足そうに見守る趙大妃の前には、現代の還暦の祝宴で見るような[4]コイムがずらりと置かれている。なんと1尺3寸（約40cm）の高さに積まれた47台のコイム。五色《オセク》カンジョン（小さくて丸い五色おこし）からユズやザクロ、ミカンを奇奇妙妙に積んだ果物の塔、丸焼きにしたキジをおいしそうに積み上げた[5]チョンチジョクまで、その派手さには開いた口がふさがらない。しかし、宴のお膳に威厳を持たせるためのコイムは、宴を開く王族や招待客のためのものではない。コイムは宴に参加した人たちの目の保養に過ぎない。誕生日を迎えた大妃と王と王妃、そして王族たちには別途宴の料理を捧げる。招待客にもやはり一人ずつお膳をこしらえて宴の料理をふるまう。では47台ものコイムの料理はすべて捨てられてしまうのだろうか？　とんでもない。宴が終わったらコイムに積まれた料理はそのまま韓紙に包んで「架子《カジャ》」という担架に乗せて宮廷の外に運ぶ。その行き先は[6]四大門の内側に住む王の親戚や両班の家だ。宴に参加できなかった人たちに宴の料理を等しく分け与えるのだ。それだけでなく、宮中の宴に招待された高官や王の親戚に出した料理で残ったものもすべて召使いに分け、これを宮廷の外に持っていけるようにしたそうだ。宮中で宴が開かれる度に宮中の料理はそのように両班の家に伝わり、両班の家に出入りする召使いまでもそれを味わう機会が等しく与えられた。宮中の宴じゃなくても宮中の料理が両班の家に渡った例はたくさんある。

[7]海南尹氏《ヘナムユンシ》の家の祭祀に必ず上がる料理の中に「魚饅頭」がある。海南尹氏の家に代々伝わる料理で、時々マスコミで紹介された。宮中料理である魚饅頭が海南尹氏の家に伝わることになったのは450年前のことだ。朝鮮王朝時代、[8]時調文学の大家として知られた孤山《コサン》・尹善道《ユンソンド》（1587～1671）は仕官の道に上がった後、[9]仁祖《インジョ》（1595～1649）の信頼を一身に受け、後日[10]孝宗《ヒョジョン》となる鳳林大君《ポンニムテグン》（1619～1659）と[11]麟坪大君《インピョンテグン》（1622～1658）の師を経て7年間要職を歴任した。王子二人の教育をすべて尹善道に任せたことだけを見ても、尹善道に対する王室の信頼がどれほどだったか推測できる。王子二人を教える間、王室からは尹善道に数回にわたり恩賜の品が与えられた。その目録を見ると、米や絹、硯や墨、

筆や紙などの日用品だけではなく、尹善道の息子が病に伏せている時は[12]ナギナタコウジュの粉末や「六君主湯《ユックンチャタン》(慢性胃潰瘍などを治療するための処方)」の薬剤を送り、さまざまな食材はもちろん、宮中の料理を送りもした。特に目に付くのは、尹善道の誕生日に王室から送った料理だ。海南尹氏の家で保管している恩賜帳《ウンサチョプ》(仁祖と鳳林大君が尹善道先生の家に穀物や雑品を送る際に添えた手紙を集めて本としてまとめたもの)には「王室から[13]蒸片《チュンピョン》、[14]切肉《チョルユク》、焼いた牛肉、[15]正果《チョングァ》、[16]五味子《オミジャ》、スモモ、[17]紅焼酎《ホンソジュ》、[18]山参餅《サンサムピョン》と一緒に魚饅頭を与えて尹善道の誕生日を祝った」と書いてある。おそらく師の誕生日に特別なプレゼントとして宮中の料理を贈ったのではないか。

王家から臣下に料理を与えるのは「賜饌《サチャン》」という。王から賜饌を受けるということは末永く一門の栄光とするほどのことだった。王が与えた料理をもらった臣下は、すべての親類縁者を呼んで自慢したのではないだろうか。主人の居間に使う棟では一門の大人と客が囲んで座り、王が与えた賜饌に酒を酌み交わしただろうし、母屋では奥さんや娘、お嫁さんが集まって、宮中のおかずはこうなんだ、ここにはこんな調味料が使われているようね、などと味を品評しただろう。さらに、母屋から繋がっている台所の扉を開けて、賄い婦に「このおかずの味は特別だから一度食べてみなさい」と言って、その味を作ってほしいと注文したのだろう。このような過程を通じて宮中の料理が慶北の両班の載寧李氏の一門や全羅南道・海南の海南尹氏の一門の宗家の料理として変貌を遂げたのではないだろうか。

そう見ると、わが民族は昔から隣人と料理を分け合うことを楽しんでいたようだ。小さい頃、祭祀がある日には親類縁者が皆集まって祭祀の料理を作ったりした。香ばしい匂いを漂わせながらこんがり焼かれるプチムゲは、鉄板の横ですぐに受け取って食べるのが一番おいしいということを幼いながらに本能的に知っていた。だからいつもプチムゲを焼く叔母さんの横にぴったりとくっついて、ツバメのひなのように口を開けていると、叔母さんは油のたっぷりとついた手でプチムゲをちぎって私の口に放り込んでくれた。そうすると、どこから見ていたのか、「誰が祭祀のお膳に上がってもいない料理に手を付けているんだい?」という母の鋭い小言が飛んできたりした。守り神のためのお膳と祭祀の時にお供え物のお膳に使うのはせいぜい二皿分くらいなのに、プチムゲはおぼん一杯に積み上がる程あるではないか。私の口に入る一切れごときが何だというのか……。そう思って、母をにらみつけたことが思い出される。プチムゲだけではない。10日間続く宴でも残るほど盛りだくさんなのが祭祀の料理だった。ところが、終わるとあのたくさんあったプチムゲに魚、餅などがきれいになくなっていた。お手伝いをしてくれた親類縁者が家に帰る時に、両手に祭祀の料理を持たせたためだ。

海外にはそれぞれ料理を作って持ち寄って食べる「ポットラック」というパーティーがあるが、私たちには特別な日にふんだんに料理を作って共に食べ、またこれを分け与えた文化がある。今もその文化は続いている。近年も結婚式や[19]トルチャンチに行くと客に餅を配ることがある。多くの人が共に分け合って食べてこそ、結婚した人たちが幸せに暮らし、生まれたばかりの子どもは無病長寿だと信じているからだ。このように信じるほど、私たちは料理を分け合い食べる文化になじんでいる。チョン・ヘギョン教授は、本来、飲食文化というのは交流を通じて発展したと言った。王家と両班の家、そして庶民の垣根を飛び越え交流してきた朝鮮王朝時代、今日の私たちのお膳に並ぶ料理が豊かになったのも、このようなわが民族の料理を分かち合う文化があったからだ。

1　士族…士大夫の族。士大夫とは、科挙に合格し、政治に関わる貴族階級のこと。両班と同意
2　神貞王后趙大妃…第24代朝鮮王憲宗の実母
3　風楽…韓国固有の伝統音楽
4　コイム…果物や伝統菓子、餅などを高く積み上げて盛りつけたお祝いのお膳
5　チョンチジョク…丸ごと焼いたキジ肉を重ねて塔のように積んだもの
6　四大門…漢城四大門。東西南北に立てられた四つの門
7　海南尹氏…韓国では家系の始祖の出身地を本貫というが、そのうちの一つ
8　時調…朝鮮で成立した定型詩
9　仁祖…李氏朝鮮時代の第16代国王
10　孝宗…李氏朝鮮時代の第17代国王
11　麟坪大君…孝宗の弟
12　ナギナタコウジュ…シソ科の植物で花茎葉を乾燥させて粉にしたものが韓方薬の材料として使われる
13　蒸片…お酒で発酵させた餅
14　切肉…味付けをして薄切りにした肉料理
15　正果…果物に砂糖をまぶして干したお菓子
16　五味子…チョウセンゴミシの成熟した果実を乾燥させたもの。その名の通り5つの味(酸・苦・甘・辛・塩辛い)がする
17　紅焼酎…赤米で作られた焼酎
18　山参餅…野生の朝鮮人参を使ったお餅
19　トルチャンチ…初めての誕生日(満１歳)を祝う宴

交流と分かち合いを通して変化してきた韓国の味

広蔵《クァンジャン》市場は、韓国人はもちろん、海外の観光客がよく訪れるソウルの代表的な「グルメ横町」だ。広蔵市場に入った瞬間、二列に並んだあらゆる食べ物屋台が五感を刺激する。油の上でじりじり焼かれるピンデトックはもちろん、台の上いっぱいに山盛りに積まれたチャプチェや[1]チョッパル、そして[2]キムパブに至るまで、なくした食欲すらぶり返させるのが広蔵市場だ。広蔵市場といえば思い浮かぶ料理がいくつかあるが、ここに来たら必ず食べなければいけない料理がある。ピンデトックだ。ここまで来てピンデトックを食べないなどという、そんな残念なことが他にあるだろうか？

30年以上、平日には1000枚、週末には2000枚のピンデトックを焼いてきたという「スニネ　ピンデトック」の社長の腕前はさすがのもので、物差しで測ったかのように全く同じ形のピンデトックを一瞬のうちに焼く。その様子を見た[3]韓石《ハンソク》峰《ボン》の母親は「ああ、師匠」と頭を下げそうだ。そんなピンデトック界の真の高段者に学んだ秘法をこっそり公開すると、緑豆は必ず石臼を利用して粗くひかなければならず、もやしはゆでずに生のものを入れてこそ歯ごたえが楽しめるとのこと。その上、生地に入れる白菜《ペチュ》キムチは１年ほど熟成させたものを使うと深い味が出るという。

30年の間に、ピンデトックの形も少しは変わり、またピンデトックを買いに来る人も変わった。以前は懐が軽い人たちがマッコリのつまみとして買いに来るのがピンデトックだったので、今よりも大きくて厚かった。ところが最近は祭祀や[4]名節の時のお供え物にと買いに来る主婦や、おいしい店を訪ねてやって来た若者、そして海を渡って海外から来た観光客まで、ピンデトックを買いに来る人が多様になった。

鉄板でさっとピンデトックを引っくり返す社長の手さばきが不思議で、私も一度やってみようと腕まくりをした。しかし、どこから集まってきたのか、私のおぼつかない腕前を見物しようとする人が一瞬のうちに私を取り囲んだ。集まった人波の中に外国人観光客の親子がいる。私が焼いたピンデトックを一切れ口に入れてあげたら、親指を立てて「ワンダフル！」を連発する。これが韓国式ピザ、ピンデトックだと無駄口をたたいていると、ピンデトックの店だけじゃな

동대문
750 m
Dongdaemun Gate
동문
80 m
East Gate
마약김밥
2268-6171

く[5]トッポッキの屋台の前にもキムパブの店の行列の中にも外国の観光客の姿が目に付く。私たちの味が外国人にも通じると思うと自負心が湧き上がる。

ところで、屋台に並び「私を食べて」とばかりに、道行く人を誘惑するこれらの食べ物は、たった数百年前までは宮中の水刺間や両班の家の台所で調理された珍しい料理だった。言い換えると、ピンデトックは宮中と両班の家で好んで食べたピンジャポブから始まったものであり、宴の料理に欠かさず登場する常連のチャプチェもまた光海君が好んで食べたことで知られている料理だ。

屋台料理の代名詞である饅頭やトッポッキ、チンパンも例外ではない。小麦粉が貴重だった朝鮮王朝時代、小麦粉で皮を作る饅頭は宮中でも特別な日の特別な食べ物だったし、トッポッキは坡平尹氏《パピョンユンシ》の宗家から始まったが、それがおいしくて王に進上されて王家と両班の家にまで伝わったという説もある。さらに、小麦粉を練った生地に小豆を入れて蒸すチンパンは朝鮮王朝時代には「霜花《サンファ》」と呼ばれていた料理ととても似ている。高麗時代、元から入ってきた料理と知られている霜花は、小麦粉を酒で練って発酵させた後、小豆の餡を入れて蒸して作った。『大典条例』には、中国の使臣が来たら[6]礼賓寺《イェビンシ》で霜花を作ってもてなしたと書いてあり、『飲食知味方』や『閨閤叢書』のような両班の調理書にも登場するのを見ても、霜花は相当高級な料理だったようだ。もちろん、調理法は昔王家や両班の家で好んで食べた方式とは違いがあり、入る材料もまた時代によって変化したが、とにかく今の屋台料理のルーツが宮中と両班の家にあったと考えると、とても感慨深い。

1　チョッパル…豚の足を香辛料入りの特製スープで煮つめ、薄切りにして食べる料理

2　キムパブ…ごま油を混ぜたご飯に、ホウレンソウやキムチ、ツナなどを具にし、韓国のりで巻いたのり巻き

3　韓石峰の母親…韓石峰は韓国の有名な書家。母親は餅売りをして女手一つで育てた。夜も休まず餅を切ったので、その手際は素晴らしく、暗闇で切っても大きさが同じだったという

4　名節…韓国では陰暦1月1日の旧正月と8月15日の秋夕が二大名節で祝日となる。朝鮮時代の四大名節はソルと秋夕に加え、陰暦5月5日の端午、冬至から105日目の寒食

5　トッポッキ…棒状の長い餅を甘辛いたれで炒めたもの。練り物やキャベツ等の野菜を入れるものもある

6　礼賓寺…賓客接待を司る官司名

한국도자기
순희네 빈대떡
순희네
빈대떡

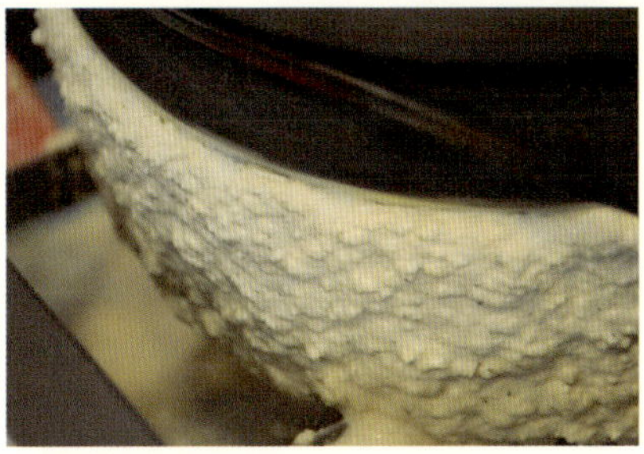

第3章　韓国料理を通じて自分を顧みる

普段、料理を作って味わうことを楽しんではいるが、自分は料理専門家でもなく、人並み外れて食文化に造詣が深いわけでもない。「チャングムの誓い」というタイトルを持っているだけで、実は私が持っている料理の知識というのは普通の主婦より劣ってはいても勝っていることはない。そんな私が料理紀行、それも朝鮮王朝時代に旅立つ料理紀行をするという提案を受けた時、ときめきよりも怖さの方が大きかった。そのように料理紀行を始めて、５カ月に差し掛かった。これまでの５カ月間、多くの専門家が導いてくれたおかげで私たちの国の料理に込められたたくさんの話に接することができた。御膳から万民の暮らしをのぞき、御膳を通じて民と苦楽を共にした朝鮮の王、徹底した身分社会の中でも階級を越えて食べ物で交流してきた昔の人の話……。そして、その交流を通じて変化、進化してきた韓国の味、私たちの国の料理について知れば知るほど、考えることが増える。

ふと、自分自身を振り返ることになる。果たして私はどんな人と食事を分かち合ってきたのか？　家族じゃない誰かのために真心込めてお膳を作ったことがあったか？　芸能界にデビューして多くの人と一緒に食事をしたが、情を分かち合う場というよりビジネスのための場だった。もちろん、作品が終わるたびに一緒に苦労した同僚とご飯を食べて感謝の気持ちを表してはきたが、恥ずかしながら隣人や同僚のために自分の手で自らご飯を作った記憶はない。私たちの国の料理が歩んできた道を追えば追うほど、またその中に込めた意味を知れば知るほど、家族ではない誰かのためにご飯を作りたいという考えが巡る。

果たして私はどんな人と食を分かち合ったのか？　家族じゃない誰かのために真心込めてお膳を作ったことがあったか？

引っ越し祝いのパーティーの計画はそのようにして一瞬のうちに立てられた。汶湖里に引っ越してきて１年、いつの間にか通りすがりにあいさつをする、顔なじみの隣人もできた。だが、彼らにとって私はまだ女優イ・ヨンエというだけで、スンビンとスングォンのお母さんとは呼ばれない。彼らにとって女優イ・ヨンエではなく、近所に住む双子のお母さんとして近付きたいという思いも、

引っ越しパーティーを決心するのに一役買った。日を決めて隣人を招待するまではスムーズに進んだ。しかし、実際に引っ越しパーティーの日が近付くと、どきどきした。家族じゃない他人に料理を披露した経験がないではないか？　普段の何倍もの量の料理を作らなければいけないのに、味付けはちゃんとできるのか、これでは未熟な料理の腕前が全世界にばれるのではないかという心配が先立つ。心配から何度もメニューを組み直してスーパーや市場の行き来をすること数回、ついに引っ越しパーティーの日が来た。

明け方から気持ちは慌ただしい。リビングいっぱいに敷いてあった６枚のポロロマットを片付けて、新しく買った台盤を置いた。庭の花を摘んで水を張ったガラスの器に浮かべると、これもまた趣がある。気に入った。さて、本格的に料理の準備に取りかかろう。

最近は出張料理人さえ呼べばグラビアから飛び出したような素晴らしい料理を作ってくれる。韓国料理の勉強をしてなかったら、私もやはり出張料理人を呼んで引っ越しパーティーを行っただろう。しかし、料理を通じて心を分かち合おうと決心したので、つまらないおかずでも自分の手で自ら作るのが正しいと思った。そういうことで、わが家の食卓にいつも並ぶ平凡な料理を引っ越しパーティーのメニューとして選択することになった。

最初の料理はチャプチェ。名節だろうと祝宴だろうとお膳にチャプチェが並ばなかったら残念だという、極めて私の個人的な趣向を反映したメニューだ。二つ目の料理はキムチピンデトック。明け方に雨音で目が覚めて「[1]こんな日にはピンデトックが最高だ！」と思い立った。三つ目のメニューは[2]プルコギ。わが家にやって来る小さなお客さまのために準備した料理だ。最後に、韓国人はやはり汁物があってこそ、ご飯が喉を通るのではないか？　というわけで、旬の牡蠣を入れて作ったペチュックク（白菜スープ）。ここにいくつかの常備菜を

一緒に出すことにした。おかずは素朴だが、料理は真心だと自分自身を奮い立たせて、午前中ずっと料理と格闘していたら、いつの間にか正午を越えていた。

料理がほぼ完成する頃、招待した隣人が一人二人と到着し始めた。下の通りに住んでいて、時々やって来ては私に英語を教えてくれるミリュのお母さん、三日にあげず出入りする町内のお餅＆コーヒー屋の社長とパン屋のおじさん、そしてスンビンとスングォンの主治医である町内のお医者さん家族。わが家を訪れた初めてのお客さんだ。皆、うちの家族のようにソウルを離れて汶湖里に定住した人だ。お餅＆コーヒー屋の社長は明け方に蒸し、まだ湯気が立ち上るお餅を持って来てくださり、お医者さんはわんぱくな息子たちと裏山で採ってきたと言って、ギンナンを炒めたものを鍋ごと持っていらっしゃった。田舎に住む人の心が感じられるプレゼントだ。派手な包装紙に包まれた高いプレゼントより、炒めたばかりのギンナンの方が愛情深く感じられるのは、ギンナンを採って、わざわざ洗って炒める手間と真心がつまっているからだろう。

よく会う顔ぶれだが、いざこうして家で接すると感じがまた違う。どういう話をしたらぎこちなくないだろうかと悩んでいると、もうすぐ訪れる冬の雪の心配から暖房費はもちろん田舎での生活の長所まで、まるで古い友人の集まりのように会話が途切れることがない。女優イ・ヨンエではなく近所のスンビンとスングォンのお母さんに戻って、彼らと妙な同質感すら感じられた瞬間、お医者さんがスタッフにこんな言葉を投げた。

「実は、イ・ヨンエさんが家に招待してくれると言った時、半信半疑だったんですよ。普段も話し掛けられると、え？ 女優イ・ヨンエなのにどうして？ なぜこんなに親しげに寄ってくるんだと思いながらも、きっとなにかの間違いだろうと思っていました。しかし、実際に家に来てこうしてご飯を一緒に食べると、一気に近付いたという気がしますね。やはり韓国人は食事の席が重要なようです。身構えていたものがなくなりました」。

韓国人にとって料理とは情であり、料理を食べる行為は情を分かち合うことだという単純で簡単な真理をようやく悟る

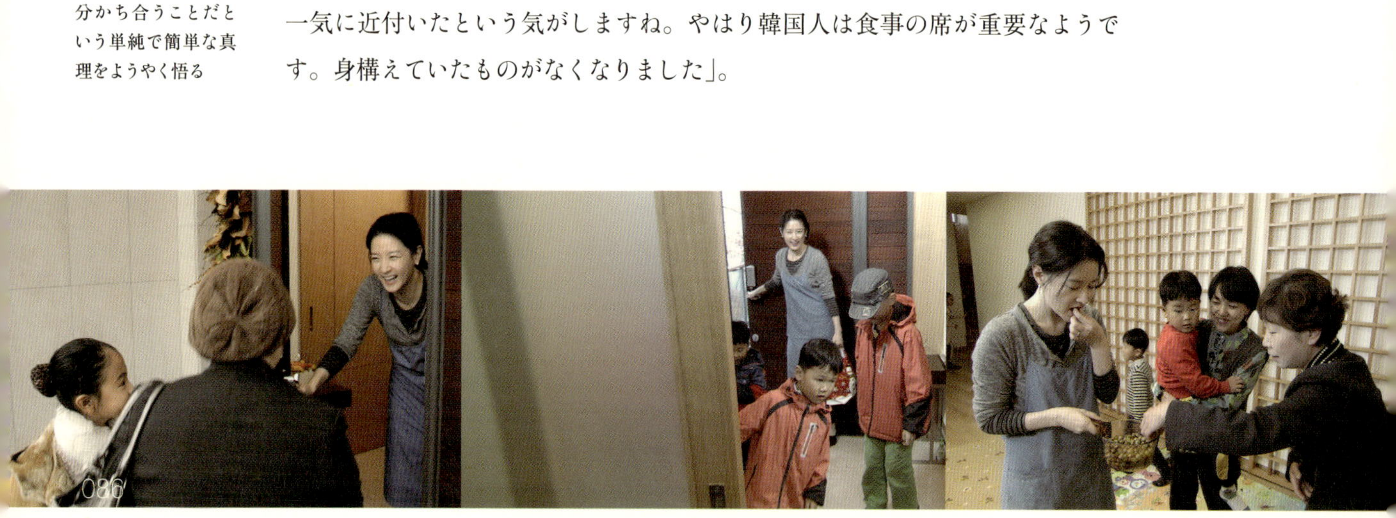

一度同じ食卓を囲んだだけなのに、彼らも私も心の距離が近付いたことを感じる。今更ご飯一食の威力を実感している。これまでの６カ月間、宮中料理を学びながら神仙炉《シンソルロ》や骨湯《コルタン》も作ってみたし、とても手が掛かる両班の家の料理も学んだけれど、いくら豪華な山海珍味でも、一人で食べて、どんな面白みがあるだろうか？　こうして一緒に分け合って食べてこそ、料理の真価が発揮されるのではないだろうか？　そう考えると、韓国人にとって料理とは単にお腹を満たして口を楽しませるものという以上の意味が込められているようだ。

私たちはよく「ご飯食べた？」という言葉であいさつをして、誰かを慰める時も、和解しようとする時も、またいいことを祝う時も「一緒にご飯を食べに行こう」という言葉をかける。韓国人にとってご飯とは、そしてご飯を一緒に食べる行為とは、いろいろな意味を内包している。しかしその本質は一つだ。うれしかったり悲しかったり怒ったり寂しかったりする気持ちすらも分かち合おうということ。そういえば何かの本で「ご飯を分かち合うことは、人が生きる情であり、すなわち平和だ」という牧師の言葉を読んだことが思い出される。韓国人にとって料理とは「情」であり、料理を一緒に食べるということは「情を分かち合う」行為だということだ。今日、私たちの食卓に上がる料理は500年前の料理とは違うだろう。材料も味付けも調理法も数多くの変化を経て今日に至っているが、料理を通じて疎通し情を分かち合う、我が国の民族の情緒はそのまま続いているのだ。

1　こんな日…韓国では、雨が降るとプチムゲ（ピンデトックやジョンなど）を食べる習慣がある。雨の音がプチムゲを焼く音に似ているとか、昔は雨が降ると農作業ができず、家でプチムゲを焼いて食べたからという説がある

2　プルコギ…しょうゆベースで甘口の下味をつけた薄切りの牛肉を、野菜や春雨と共に焼く、あるいは煮る料理

韓国の味、2000年の記憶

第1章　食べ物は生きている文化だ

私たちは毎日数多くの食べ物に接し、そして味わう。なおかつ、私をはじめとする多くの主婦は家族のために料理を作る。そのように毎日ご飯に向き合って食卓の準備をしながらも、今まで私は一度も「韓国料理」について考えたことがなかった。ところが、今回のドキュメンタリーを進めながら、私は自分自身に問い直すこととなった。韓国人にとって食べ物とは何か？

西洋のことわざに、こんな言葉がある。「その人が食べる食べ物を見れば、その人が誰かを知ることができる」。海辺で育った人は海産物に慣れ親しんでいるだろうし、山で育った人は山で採れる山菜に慣れ親しんでいるだろう。だから、その人が好む食べ物を注意深く見ていれば、その人の生まれ育った履歴を把握できるという意味のようだ。

このことわざの意味をもっと大きく捉えると、ある民族の食べ物、ある国の食べ物にも当てはめることができるだろう。ある民族の食文化を見れば、その民族について多くのことを知ることができる。ドキュメンタリーを準備する過程で出会ったある専門家が、日本の食文化を例に挙げてくれた。

日本を代表する食べ物は刺し身と寿司だ。日本は4つの大きな島から成る島国なので昔から海産物が最も手に入りやすい食材だった。その上、日本列島の北側の地域は世界三大漁場に属するほど海産物が豊富だ。日本の自然環境が刺し身と寿司文化を作り出したのだ。

また、日本の主食は粘っこい米、「ジャポニカ米」である。米は本来、温暖多雨な気候でよく育つ。耐えがたいほどに蒸し暑い日が続く日本の夏は、梅雨や頻繁に訪れる台風で湿度がとても高く、米がよく育つ環境というわけだ。彼らの主食である米を通じて日本の気候を予測することができる。

さらに、日本は肉食文化が発達しなかった。山岳地帯が多いその地形から、家畜を育てる草地が不足していたため、牧畜業が発達しなかったのである。それに加え、天武天皇(631？～686)が仏教を国教として以来、なんと1000年もの間、肉食を禁じてきたという歴史的背景もある。

膳立てを見るだけでもその国の文化的性向が現れる。『韓・中・日 食事の文化』という本に、韓国、中国、日本の膳立てを分析した部分がある。それによると、日本はお膳をこしらえる時、「一汁一菜」の原則を持っているという。「一汁」は一つの汁物料理で、「一菜」は一つのメインディッシュを意味する。そして、お膳を出す時もテーブルの上に人数分個々のお膳を並べる。普段は個人主義的な性向が強いが、危機の状況では一つに団結する日本人特有の文化がお膳の上に反映されているのだ。一方、中国の食事は「共餐」と「合餐」と呼ぶ。これは丸い食卓に集まって一緒にご飯を食べるという意味だ。対称とバランスを重視するので、お膳に上がる料理の個数も招待する客の数もいつも偶数に固執するのが中国人だ。このように、食文化にはその民族が生きてきた自然環境はもちろん、文化や風習、政治的、宗教的性向が反映されている。それだけでなく、その民族がどんな道を歩いて今日に至ったかを料理を通じて歴史的事実を類推することもできる。そのため、食べ物とは単純に食べる物ではなく、民族の正体を代弁してくれる「生きる文化」なのだと専門家は言う。

食べ物は自分が誰であるかを教えてくれる文化——こんな気持ちでお膳に向き合うと、お膳の上に置かれたご飯一杯、汁物一杯も軽々しく思えない。一杯のご飯と汁物は長い歳月、私たちの民族と同じ道を歩いてきて、今日の私たちのお膳に上がったのだ。その長い歳月を経る間、変貌することもあっただろう。貴族の食卓に上がっていた霜花《サンファ》が粉食店のチンパンに形を変えるまで、光海君《クァンヘグン》が好んだチャプチェが今日の唐麺入りのチャプチェに変わるまで、品のある形のピンジャボプが平べったいピンデトックに変身するまで。その食べ物が過ごしてきた時間の分だけ、その中に込められたエピソードも多いはずだ。もうそろそろ、私は二つ目の料理紀行に旅立とうと思う。一つ目の旅行が朝鮮王朝時代に込められた私たちの料理の価値と哲学を探す旅だったとすれば、二つ目の旅行はより長い、タイムトラベルになるだろう。

ビビンパとプルコギの間

以前、テレビのある芸能情報番組で、映画の宣伝のために韓国を訪れていたブラッド・ピットがインタビューに答えていた。前回の訪問時に食べたカルビがとてもおいしく、その味をぜひ食べさせたいとチャーター機に息子を乗せてきた、という、そんな内容だった。当時、このブラッド・ピットの「カルビ愛」はポータルサイトのリアルタイム検索ワード1位を記録するほど話題になった。カルビをはじめ韓国料理の味にほれたという外国の名士は他にも聞く。バラク・オバマ前大統領がキムチとプルコギを好むという記事を見た記憶もあるし、映画『X-MEN』で世界的なスターになったヒュー・ジャックマンもまた家族とプルコギを好んで食べると韓国料理に対する愛情を示していた。

外国人のプルコギ愛、カルビ愛は格別だ。世論調査で外国人を対象に「最も好きな韓国料理」を調査すると、いつも上位に入るのがビビンパ、キムチ、カルビ、プルコギである。私もまたブランドの宣伝などで海外出張に行くたびに、現地で会った外国人が韓国の肉の味をほめちぎるのを聞く。

韓国の伝統的な膳立ては野菜と肉の比率が7対3だそうだ。ゆえに韓国人は肉食より菜食を好む民族である。その上、世界のどの国に行ってもわが民族ほど多様な野菜を好む民族はない。昔、撮影で韓国の南の地方に行ったことがあるが、その時ある食堂で出た汁物の中にポリックク(麦スープ)というものがあった。ソウルが故郷の私にとってはなじみのないスープだが、全羅道では昔から好んで食べてきた料理だそうだ。冬の間かちかちに凍っていた地面を突き抜けて麦の芽が出始めたらその芽を切ってスープを作ると言った。麦の芽だけ入れて作ることもあるが、[1]ホンオの本場、羅州《ナジュ》に行くとホンオの肝であるホンオエを入れて作った、ホンオエポリッククが名物だという話も聞いた気がする。

韓国人になじみのある野菜は麦の芽だけではない。大根の葉と茎もまたよく干して[2]シレギククに入れて食べるし、山や野原に雑草のように生えるナズナやヨモギも韓国人には慣れ親しんだ食材だ。西洋では捨てる野菜が、わが民族にはこの上なくありがたい野菜なのである。さらに、山岳地帯に住む人はもっ

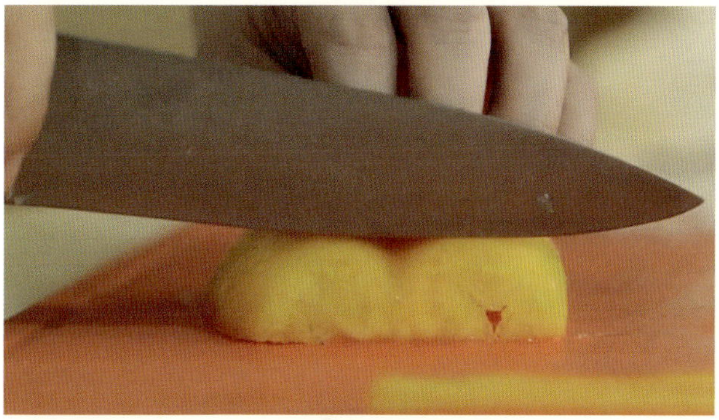
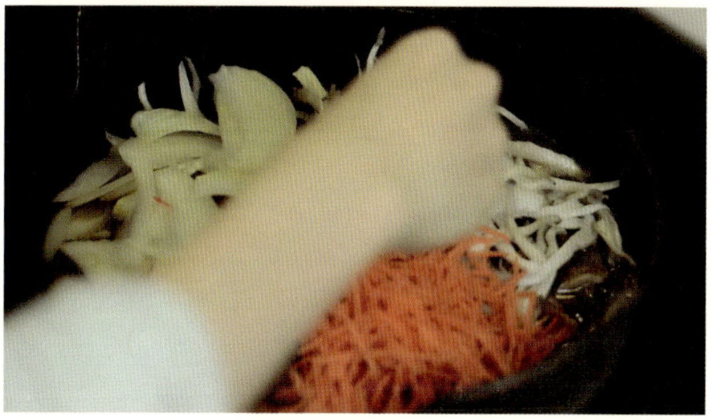

と多様な野菜を摂取する。先日、[3]五台山《オデサン》の月精寺《ウォルジョンサ》を訪ねた時、ナムルにして食べる山菜の種類を聞いて開いた口が塞がらなかった。「ヌルクチ」という名前の山菜から「ケドゥルム」、「チャムチュィ」、「ポクチュィ」、「タンプンチュィ」、「シドルチュィ」、「パクチュィ」と呼ばれるキク科のさまざまな植物の若葉まで、ほとんどが初めて聞く山菜だった。西洋では薬の原料として使われるハーブであって、このようなハーブを別途調理して食べはしない。

ドラマ「チャングムの誓い」でウンベクがチャングムに「わらじナムル」と呼ばれるキンミズヒキについて聞く場面がある。

「チャングム、この山菜の名前がなぜ『わらじナムル』なのか知っている？」「わらじのようにありふれているからではありませんか？」「ナムルとして和えるとまるでわらじをかむようにまずいからわらじナムルだそうだ」「このようにありふれている草が、たとえおいしくなくても民のおなかを満たし、また立派な止血剤にもなり得るので本当にありがたいことではありませんか」

「チャングムの誓い」に登場したキンミズヒキは韓国だけでなく、世界のどの国にもある草だ。キンミズヒキは「龍牙草《ヨンアチョ》(竜の牙に似た草という意味)」、「仙鶴草《ソンハクチョ》(仙人が送った鶴がくれた草という意味)」という名前でも呼ばれるが、昔から止血剤や下痢を止めるのに効果があり、そのようなおおげさな名前が付けられたらしい。最近、日本やヨーロッパではこのキンミズヒキから抽出した成分でがんの治療薬を作り、臨床試験にも成功したそうだ。このように体にいい薬用植物を私たちはおかずとして調理して食べてきたのだ。さまざまなナムルを混ぜて食べるビビンパこそ韓国のナムル文化が作り出した飲食文化の神髄だ。外国人がビビンパを好むのは、数種のナムルが醸し出すその味に魅了されるためと言われるが、さまざまな野菜が入った健康食であるという理由も大きい。

では、外国人がプルコギやカルビにほれた理由は何だろうか？　西洋人にとってはステーキという彼らだけの代表的な肉料理がある。シーズニングや

子ども、外国人を問わず皆が好んで食べるプルコギ。甘く香ばしいプルコギの味付けを考え出した人は誰だろうか？

ソースによって、焼き加減によってステーキの種類も多様だ。それほど肉の味に敏感な西洋人がひときわプルコギやカルビに熱狂する理由が気になる。そこで、親しい外国の友達にプルコギの魅力が何であるか聞いた。彼らが言うには、甘く香ばしい味付けが柔らかい肉ととてもよく合っているということだ。韓国の肉料理の最も大きな特徴はその味付けにある。味付けの方法も西洋のステーキとは違う。西洋のステーキは焼いた後にソースをかけたり、焼く直前に塩やコショウをかけたりするが、プルコギやカルビは下味を付けて寝かせ、一定期間熟成させた後に焼いて食べる。それは、ともすると小さな違いだが、味というのは紙一枚の微妙な差によって決まるものである。

　味付けをして寝かせて焼いて食べる方式は私たちの肉料理の最も大きな特徴だ。数多くの料理の中で、あえて韓国の肉料理を求めて旅に出ることに決めたのは、外国人にとって慣れ親しんだ料理だというのも理由だが、その味付けの根源が気になったからである。このような肉の味付けを考え出したのは誰か、また私たちの民族はいつからこのような方式の肉の味付けを好んで食べるようになったのか、好奇心が動き出した。そうして、私たちの肉料理の根源を探す旅が始まった。

1　ホンオ…ガンギエイのこと。発酵させて食べるホンオフェが有名
2　シレギクク…シレギとは干した大根の葉と茎のこと。それを使ったスープ
3　五台山…山菜料理で有名な地域

第2章　最も古い調理法、肉を焼く

人類が本格的に調理を始めたのは1万年前のことだそうだ。お金も100万ウォン、1000万ウォンまでは想像がつくが、億、そして兆を超えると「多い」という感覚になるだけでその額を正確に体感できないものだが、それは時間も同じだろう。1万年前と聞いても、実際どのくらい前なのかあまりピンとこない。

そんな私の心を見透かしたかのように、諮問教授は新石器時代だと教えてくれた。新石器時代に入って、人類は農業を始め、耐火土器を作り、本格的な調理の歴史が始まった。だとしたら、新石器以前の旧石器時代は何を食べて生きていたのか？　あちこち移動をしながら狩猟と採集生活をしていたというのは学校で習った内容だが、30年近い歳月が流れて改めて聞くと、まるで初めて聞いたかのような新鮮な気持ちになった。

初期の人類は狩りで獲った野獣や魚を生のままむしり取って食べたが、次第に肉を干すことで長く保存しながら食べる方法を知る。その後、火を利用する方法を知り、肉を火で焼いて食べるようになった。つまり、肉を火で焼いて食べたのが、人類最初の調理だったということだ。最初は肉を串に刺して焚き火で直に焼いたが、それから時を経て、石板の上で焼いて食べる方法を知ったらしい。

そしてしばらくの間、石板の上で焼いて食べるスタイルが流行したというが、そう考えると、すでに先史時代の原始人は石板で焼いて食べると肉がおいしいという事実を経験から体得していたようである。その後、焼き網が登場し、鉄製のフライパンが登場した。このように焼き肉の歴史は洋の東西を問わず1万年以上の歴史を持っている。しかし、肉に味付けをし始めたのはそれよりはるかに後のことだ。

初期の人類は狩りで獲った野獣や魚を生のままむしり取って食べたが、次第に肉を干すことで長く保存しながら食べる方法を知ったそうだ

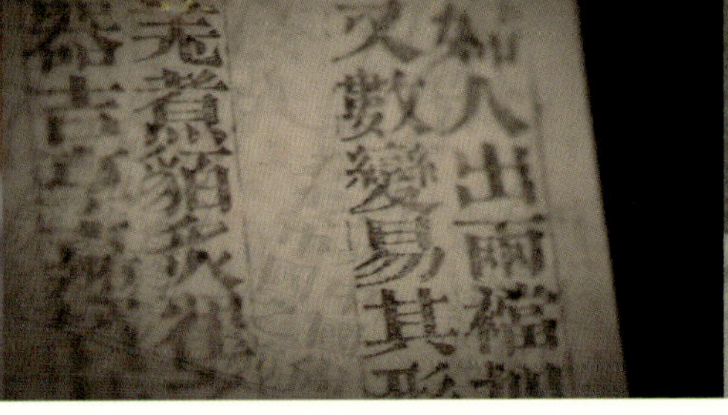

わが民族最初の肉の味付けを探しに旅立つ

韓国料理のルーツを探す過程は思ったほど簡単ではなかった。確かに、たった500年前の朝鮮王朝時代、それも王が食べた日常食に関する記録すらも後世に伝えられたものはあまりないのだから、朝鮮王朝時代以前の料理に関する詳しい記録が残っているわけがない。その上、高麗以前、三国時代に私たちの民族がどんなものを好んで食べていたのかは、ほとんどが文献ではなく壁画や遺跡を通じて伝えられてきた。歴史研究家が壁画や遺跡から発見した小さな痕跡を通して「当時はこんなものを食べたのだろう」と類推しているにすぎない。

東アジアの3国のうち、食べ物に関する研究が最も活発に行われているのは中国だ。昔からわが民族と中国大陸は交流が活発だった。ともするとわが地にはない記録が中国には残っているのではないかという期待と希望を胸に、私は中国に向かった。

「中国人は地上の四足のものはテーブル以外すべて食べ、水中で泳ぐものは潜水艦以外すべて食べ、空を飛ぶものは飛行機以外すべて食べる」と言うではないか！　それだけ中国は世界でも多様な飲食文化を持つ国である。広い国土と天恵の自然環境、そして50余りの少数民族が作り出す飲食文化は中国を食べ物の天国と呼ぶのに不足はない。その多様な飲食文化をすべて味わうことができる都市が北京だ。北京は元、明、清に至るまで700年の間、中国の首都だった。つまり政治、文化の中心地だったので、さまざまな少数民族の往来が頻繁にあった。さらに、西、南、北の大運河を通じて全国の食材が集まり、その肥沃な土壌の上に多彩な飲食文化が花開いた。その後、清が50余りの少数民族を一つに統合して、宮中の料理人が全国各地の珍味料理をわれ先に皇帝に上げ始めた。おかげでより多様な料理が開発され、今日まで北京の伝統料理はもちろん、

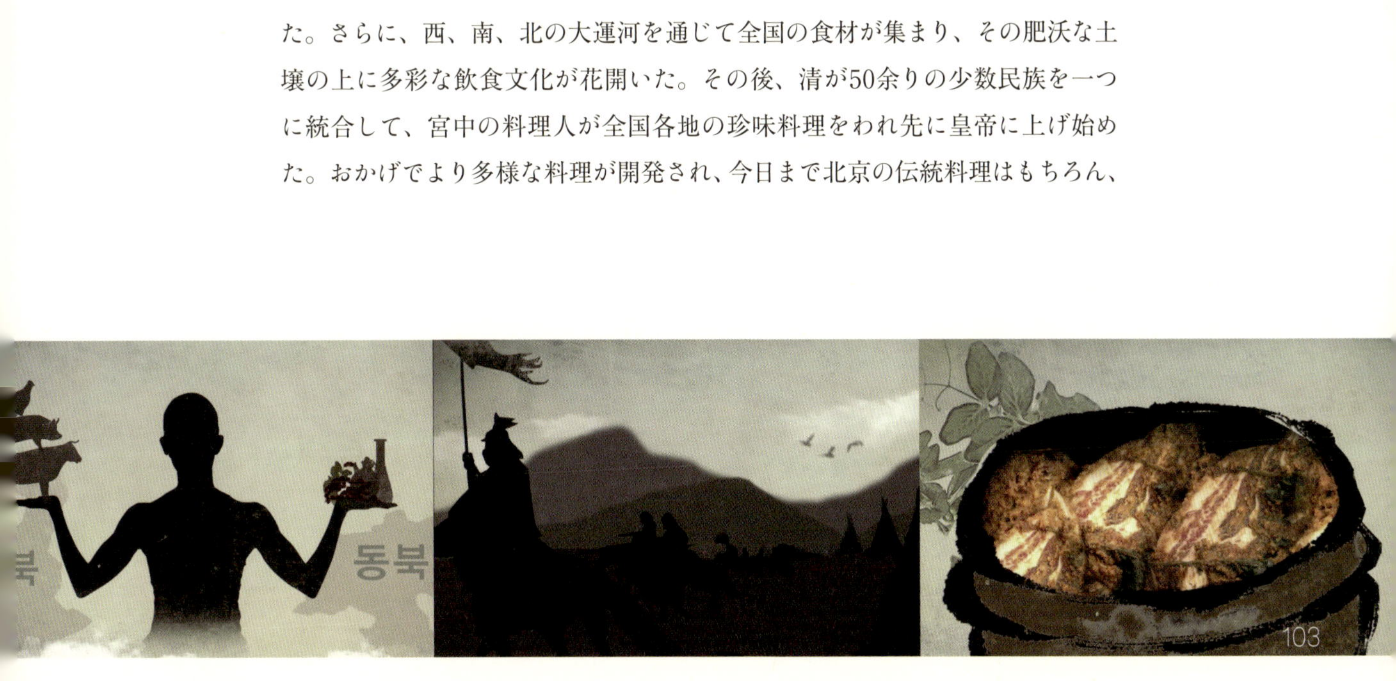

各地域の多様な少数民族の料理をすべて味わえるようになったのだ。

ところで、[1]中原の貴族が少数民族の飲食文化を受け入れ始めたのは、それよりはるかに前のことだ。今から1700年前、中国の貴族の口を魅了した少数民族の料理があった。晋の時代に書かれた『捜神記（4世紀頃、中国の歴史家干宝が編纂した小説集）』という本にはこんな一節がある。「羌煮《カンジャ》と貊炙《メクジョク》は他の族属の食べ物だが、貴族や金持ちの家で開かれる重要な宴にその料理を出すと、これは未開の民族が攻め込んでくる前触れなのである」。

実は『捜神記』に登場するたった一節を頼りにドキュメンタリー制作チームは中国まで来た。『捜神記』に登場する貊炙がわが民族の肉料理と関連があるという人文学者の証言のためだった。

中国の杭州市に位置する浙江工商大学の趙栄光教授は東アジアで最も著名な食文化学者の一人である。彼を訪ね、『捜神記』に登場する「羌煮」と「貊炙」について聞いた。教授の言葉を引用すると、羌煮とは北西の遊牧民族が肉を釜に、もっと前は肉を土器に入れてゆでて食べる方式で、貊炙は北東の少数民族が肉を焼いて食べる方式だという。もともと、肉食文化は遊牧文化の遺産だった。だが、どうして北西では肉をゆで、北東では肉を焼いて食べる方式が主を成したのだろうか？　教授は「育てる家畜の違いが生んだ食文化である可能性が高い」と言って言葉を続けた。北西の遊牧民は昔から羊をたくさん育てていた。そして羊を調理する最も適切な方法がゆでることだそうだ。一方、北東の遊牧民は豚を主に育てていたが、脂肪が多い豚肉の特性上、ゆでるより焼く方がおいしいという事実に気付いたということだ。さらに貊炙は『捜神記』よりはるかに前の2000年前の文献にも登場したとして、とても古くからこの地域では貊炙を好んで食べていたようだという言葉も付け加えた。

聞いていると何かがおかしい。肉を火で焼いて食べる方式は人類の最も古い調理法ではないのか？　その古い調理法を中原の貴族が知らないはずなかっただろうに、貊炙がこのタイミングで流行したということは、焼く以外の何か魅力的な特徴があったはずだ。その疑問に、教授は答えをくれた。「貊炙はとても古い焼き肉の方式だが、貊炙が漢族の文献に現れた時はすでに以前のような火で焼くだけの原始的な方式ではありませんでした。私が研究したところでは、細密な加工がされた調理法でした。焼き肉の上に何かが乗っていましたが、それは農耕民族が発明した調味料でした。調味料、言い換えるとジャンが加わった繊細な形の焼き肉が貊炙です」。

整理すると、味付けをして焼いた肉料理が貊炙だということだ。だとしたら、果たして貊炙はわが民族最初の焼き肉だったのだろうか？　そして、2000年前に貊炙に使われた味付けは何だったのだろうか？

今の遼寧省、吉林省、黒竜江省を「東北３省」と呼ぶ。歴史については門外漢だが、[2]「大祚栄」や「朱蒙」などのドラマで東北３省がわが先祖の地だったという事実はおぼろげながらに知っている。古朝鮮と高句麗、そして渤海の生まれた地でもあるが、わが民族の霊山という白頭山《ペクトゥサン》がここにあるではないか。その上、今日も160万人を超える朝鮮族が東北３省に住んでいる。もしかしたら、その東北３省で貊炙の痕跡を見つけられるのではないか？　いや、必ず見つけてみせるという意志を固めて吉林省に移動した。

1　中原…中華文化の発祥地である黄河中下流域にある平原
2　「大祚栄」「朱蒙」…韓国のテレビドラマ

「貊炙」の痕跡を探す

吉林省の延吉にある朝鮮自治区の村。韓国の11月とは違い、吉林省の11月ははっきりとした冬だ。ちょうど大雪が降って山と野原はもちろん、村全体が真っ白く染まった。足首までぶすぶすとはまる雪道を通ってヒョン・グムスンおばさんのお宅に到着した。

「寒いのに遠くから来て大変だったでしょ」。うれしそうに出迎えてくれたヒョン・グムスンおばさんとキム・ジョンイルおじさんの延辺なまりがこの上なく温かく感じられる。先祖代々ここに居を構えて暮らしてきたというご夫婦。この地域にのみ伝わる肉料理を探しにきたと伝えたら、その言葉が終わるや否やおばさんが私たちを裏庭に案内した。そして、スレート屋根の下に置いてあるかめのふたを用心深く下ろす。味噌のかめだ。

肉料理を見せてくれと言ったのに味噌のかめに案内したおばさんの行動を不思議に思ったが、味噌をかき回すとその間に青っぽかったり赤っぽかったりする何かがカメラに映った。おばさんがスプーンでさらに何回か味噌をかき回すと、その形が完全に現れた。青っぽいのはエゴマの葉で、赤っぽいのは豚バラ肉だ。豚バラ肉をエゴマの葉できれいに包んで味噌の奥深くに漬けておいたのだそうだ。このように肉を味噌に漬け込んでおくと、味噌の味も肉の味も良くなるというのがおばさんの説明だった。

全体に味噌が付いた豚バラ肉を見たら、一時期、韓国で流行した味噌サムギョプサルを思い出した。味噌ベースのソースを肉の表面にさっと塗ってその風味を加えたのが味噌サムギョプサルだとしたら、延吉地方の味噌サムギョプサルは味噌の中に漬け込んでなんと３カ月も熟成させたものだそう。味噌の香りと味がしっかりとしみ込んだこの豚バラ肉を1cmの幅に切って、干したシレギを入れて作れば、これが延吉地方で食べるスープである。

またこの味噌サムギョプサルはスープの材料として利用されるだけではない。おじさんが「本当のこの地域の肉の味を教えてあげる」と言ってかまどから

炭を取り出して火を付ける間、おばさんは味噌が付いた豚バラ肉を澄んだ水でさっとすすいだ。火鉢に焼き網を載せて、即席で焼く味噌サムギョプサル。この地域にのみ伝わる焼き肉の方法だそうだ。

おじさんは肉の味に満足そうに「おいしいでしょ？」としきりに訊き、「世の中の立派なおばさんたち、夫をちゃんと敬って義理の両親をきちんと敬う人たちは肉をかめの底に保管して、体調の悪い時に焼いて出し、酒をたくさん飲みすぎた翌朝にも酔いざましに切ってスープに入れていたんだ」と言いながら、その利用法を教えてくれた。いつからこの肉を食べているのかと訊いたら、「おばあさんの、おばあさんの、おばあさんの時から？」との答え。幼い頃から食べてきたのでその起源は正確にはわからないそうである。付け加えて、「以前は豚を丸ごとつぶして、ただその頃は冷蔵庫がないからかめに入れて長く保管し、ちびちびと食べたんだよ」と言った。冷蔵庫がなかった頃、肉を長く保存するために味噌のかめにうずめたという話だ。火鉢で豚バラ肉が焼かれる様子がとてもおいしそうで、撮影中にもかかわらずおばさんがくれた肉をがぶりと食べたのだが……その味は私の予想を遥かに上回るものだった。これは焼き肉ではなく佃煮に近いレベルだ。とても塩辛い。肉一切れでご飯を２〜３口は食べられるほど。これほどの塩分であれば数カ月ではなく1年置いても肉が腐ることはないだろう。味見してやっと、味噌に漬け込むという手間が本来貯蔵の目的であったということを実感した。

趙栄光教授は、古くから北東地域では肉の塊をジャンに漬け込んで食べたとし、これは貯蔵法の一種だと説明した。「肉はとても貴重な食材だったが、一頭の肉をつぶしても一度に食べられるのはその一部にすぎなかった。だとしたら、どのように残りの肉を保存したのか？　まずは凍らせることだ。北東地域はとても寒いので、雪が降った時に、肉を水で濡らして凍らせた。しかし、このような天然の冷蔵庫がいつも存在するわけではない。雪がいつも降るわけでもなく、四季の間ずっと寒いわけでもない。そういう時は塩に漬ける。だが、塩に漬けると味が変わり色も変わる。そのため考え出したのがジャンに漬ける方法である。ジャンに漬けるのは塩に漬けるより多くの利点があった。肉の水分が飛ばず、色も良く、ジャンの香りが肉に移るので、ゆでたり蒸したりして火を通した時も味が良くなった。最初は保存が目的だったが、後に東北地方の風習になったのではないかと思う」。

かなりうなずける話だ。しかし、塩に漬けるよりジャンに漬ける方がいいということをどうして北東地域の遊牧民のみが知ることができたのだろうか？　趙栄光教授は農耕文化と関連があると言う。北西の遊牧民に比べて北東の遊牧民は早く農耕文化を受け入れた。貊炙は遊牧文化の遺産である肉食文化と農耕文化の産物であるジャン文化が出合って誕生した食べ物だというのだ。

2000年前、中国の肉料理は肉を焼いた後に味付けをするのが普通だったが、貊炙はジャンに漬けて寝かせてから焼いて食べるという点が違った。中国人が貊炙という異民族の味に魅了されたのもそのためだと、ドキュメンタリーの諮問を引き受けてくださったチョン・ヘギョン教授は言う。ステーキに慣れ親しんだ西洋人が韓国のプルコギやカルビに魅了されたように、2000年前には中国人が貊炙にほれたのだろう。

わが民族最初の味付け焼き肉に出会う

近年、私たちが食べるプルコギにはさまざまな味付けが入る。基本はネギ、ニンニク、しょうゆ、ごま油、砂糖。好みによって各種果汁やタマネギの汁を入れるなど、味付けの種類が増えたり減ったりする。

ところで、わが民族最初の味付けはジャンだった。延吉で私たちが目撃したのは味噌に漬けられた肉だったが、2000年前も味噌だったかどうかは正確にはわからない。ある人はしょうゆだと言い、またある人は今とは違う形態のジャンだった可能性を主張する。とにかく、わが民族がジャンを利用して肉を貯蔵する知恵を発揮したということだけは確かである。

ジャンは農耕文化の副産物だ。朝鮮半島一帯で農業を始めたのは今から5000年前であるが、私たちの祖先がいつからジャンを漬けたのかはわかっていない。しかし、ジャンの原料である大豆の原産地が満州南部地方だという点(満州南部地方は高句麗と夫余が位置していた地域だ)、朝鮮半島一帯で多くの野生種の大豆が育つという点などを考慮してみると、とても早くからジャンを漬けたのではないかと推測できる。チョン・ヘギョン教授は「『三国志』や『魏志(中国三国時代の魏の歴史書)』などの中国の古代文献には高句麗の人が善醤醸《ソンジャンヤン》、すなわち発酵食品を上手に作るという記録があります。さらに、味噌のにおいを高麗臭と呼んだという記録も時々登場します。これらの文献を総合してみると、三国時代にはすでにジャン文化が定着していて、いろいろな料理にジャンが漏れなく使われたということがわかるでしょう」と教えてくれた。

チョン・ヘギョン教授の話を聞いた後、偶然あるテレビ番組で高句麗時代の古墳に絡んだ話を扱った歴史ドキュメンタリーを見た。黄海南道安岳《アナク》郡にある高句麗の安岳古墳3号墳。一説には、この古墳は[1]故国原王の時の西暦357年に作られたものだと言われている。その古墳にはいろいろな壁画が描かれていて、この墓の主人と思われる人の肖像画から台所で食べ物を作る女性の姿、そしてシルム（韓国の相撲）をする男衆と歌や舞を楽しむ人の姿まで、高句麗の時代像を一目に見ることができる。一種の生活風俗図が描かれた壁画だ。

その中でひときわ私の視線を引いたのは、台所の姿だ。台所の片側にはかまどに火をくべている女性と料理を作る女性が描かれており、もう一方にはイノシシをはじめとしていろいろな獣を串に刺して掛けた姿が描写されている。そして、別の壁画には井戸端の前にいろいろなかめが置かれている。以前だったら気にも留めないような絵だが、韓国料理について勉強してきた私は、壁画を見ながら遠い昔の高句麗人が楽しんだ韓国料理に思いを馳せた。

昔の高句麗の地である北朝鮮と満州は、今私たちが住む南側とは違って農業をするには痩せた土地であり、いい田畑が不足していたそうだ。そのため、一部は農業をしたが、狩りと牧畜によって足りない食糧を調達したのだろう。もしかしたら、そんな自然環境によって高句麗では早くから肉食文化が発展して、その過程で貊炙という料理が誕生したのではないか。

貊炙の誕生過程をたどってみることは、まるで「シャーロック・ホームズ」が事件のパズルを一つひとつ合わせていくようである。一つの料理が誕生し、またその料理が一つの民族の代表的な食文化になるまで、こんなにたくさんの要因が複雑にもつれているという事実がとても興味深い。料理こそ生ける文化であり、ある民族の正体を代弁してくれる存在だということを実感する瞬間だ。

1　故国原王…高句麗の第16代の王

第3章　韓国の肉料理の転換点と向き合う

韓国人は食べない部位がない？

秋かと思っていたら、いつの間にか冬の真っただ中に突入していたようで、玄関を出る時にはしっかりと襟をかき合わせるようになった。冷たい風が吹く頃になると思い出される料理がある。牛の肉や内臓を香味野菜と一緒に一晩煮込んだコムタンスープだ。こういう季節にコムタンスープを一杯飲めば、強壮剤を1包飲んだように体も心も元気になる。

思い出した勢いで実家の両親と一緒に馬場《マジャン》洞の畜産物市場を訪れた。ソウル市民が食べる肉の65％が流通するという馬場洞市場。聞いたことはあったが、実際に来たのは初めてだ。くしの歯のように隙間なくぎっしりと並んだ精肉店に、肉や骨が山となって並んでいる景色を見ると、韓国の肉という肉はすべてここに集まっているのではないかと思えてくる。

その珍しい風景に魅了され、しばらく見物していたが、人の良さそうなおじさんの店の前で足を止めた。実家の両親と子どもが食べるのにちょうどいい肉を選んでくれと言ったら、おじさんはまるで糸を解くようにするすると牛肉の各種部位を説明し始めた。

「これが霜降り牛ロースで、霜降りの具合が最高ですよ。こんな霜降りはなかなかお目にかかれません。隣にあるのはハラミです。あまり火を通すとかたくなるのでさっと表面をあぶる程度に焼いて召し上がると、持ち味を生かすことができます。[1]ブリスケは聞いたことありますか？　口でさらさら溶けます。この部位はカイノミという部位。花嫁の[2]スカートをそっと広げたようでしょう？」。

おじさんの牛肉講義はしばらくの間続いた。ウデ肉にクリ、中落ちカルビ、牛モモ肉、生まれて初めて聞く部位もたくさんある。馬場洞は肉のデパートと言われているが、嘘ではないと思う。

街中で買うより安いという言葉を聞くと、なぜこんなにも財布の紐が緩んでしまうのだろう。テールを買いに来たのに予定になかった牛骨に上ロース、ハラミ、ブリスケ、カイノミまで、たっぷり買ってしまった。部位別に切って包装を待つ間、牛肉の部位がこんなに多いとは知らなかったと話を振ったら、その言葉を待ってましたと言わんばかりに、おじさんは持てる知識を大いに披露

なさった。一頭の牛はまず10の部位（ヒレ、ロース、サーロイン、肩ロース、ウデ、ランプ、モモ、バラ、スネ、カルビ）に大きく分けられるが、これをさらに39の部位（ヒレ肉、上ロース肉、リブロース、ブリスケなど）に分けることができるそうだ。そして、この39の部位はさらに特殊部位に分けることができ、あれこれ珍しくて貴重な部位まですべて合わせると120余りにもなるという。その部位によって微妙な味の違いがあるので、調理法や焼き方も変わるのだと教えてくれた。一頭の牛から120の部位がとれるとは！　私がこれまで食べた部位はそのうちいくつだろう。

人類学者のマーガレット・ミード（Margaret Mead、1901～1978）は「イギリスとフランスは牛を35の部位に、東アフリカのボディ族は51の部位に分けて食べるが、韓国ではなんと120の部位に分けて食べる」と、韓国人の繊細な食の好みと解体技術に賛辞を送ったという文章を読んだことがある。屠殺された牛から骨と肉を切り出し部位別に分けることを抜骨という。抜骨は太刀さばきの正確さを要する、とても繊細な作業だ。傷なくきれいに骨と肉を分離しなければいけないためだ。一頭の牛肉を120の部位に分ける韓国人の抜骨技術は世界最高水準と言っていいだろう。だが、チョン・ヘギョン教授は朝鮮王朝時代以前まではわが民族の抜骨技術はとても未熟だったと言う。「宋の徐兢（1091～1153）が書いた『高麗図経』という本には高麗人が抜骨に未熟だったことを暗示する部分があります。例えば、肉をつぶす時、においが出るように殴ってつぶすと書いてあるように、高麗の屠殺技術が発達していなかったと直接的に言及する部分もあります」。
『三国志』の『魏志東夷伝』には「[3]夫余は養生（畜産業）が上手だ」と記録されており、『三国遺事』の『太宗春秋公条』には「王の食事は一日に米３斗、酒６斗、キジ９羽だった」という記述もあるそうだ。高句麗時代の古墳の壁画や新羅の遺跡にも肉を調理していた痕跡が残っていることを見ても、わが民族が肉料理を好んでいたことが推測できる。肉食文化が発達しなかったのならば、どうして貊炙が生まれ、その味が中国の台所まで知られたのだろうか？　なのに高麗の人は屠殺が上手ではなかっただなんて、1000年の歳月が流れる間に朝鮮半島の食文化も変わったようだ。だが、チョン・ヘギョン教授からその理由を聞けば、自然とうなずくことになる。高麗時代に入って仏教は国教に認定された。仏教ではもともと殺生を禁じていたので自然と狩りや屠殺が禁忌視されたそうだ。お膳の上の肉のおかずが消えたらその空席を埋める他のおかずが発達するものである。高麗時代にはそれが野菜だった。高麗人は野菜をさまざまな形で調理して食べたが、生でも食べ、付け合わせとしても食べ、ゆでても食べて、漬けても、汁物としても食べたそうである。このように高麗時代に入って菜食文化が栄えた反面、肉食文化は衰退した。

チョン・ヘギョン教授は言葉を続けた。「朝鮮王朝時代に入って屠殺技術が発達し始めます。その理由の一つが、元《げん》が朝鮮の肉の調理法に影響を与えたからです」。高麗末になって肉食文化が復活することになったのだ。そのきっかけになったのがモンゴルの侵入だった。モンゴルは1231年から1259年まで30年間高麗を侵略し、その後1351年に恭愍王（1330～1374）が執権して反元政策を行うまで約100年以上高麗に影響を及ぼした。すでに言ったように肉食はもともと遊牧文化の遺産だ。騎馬部隊を率いて世界を制覇したモンゴル族、遊牧民だった彼らは当然肉食中心の食習慣を持っており、モンゴル人が高麗に来て、わが民族に潜んでいた肉食DNAが目覚め始めたのだ。

1 ブリスケ、カイノミ、クリ…韓国と日本では肉の切り出し方に違いがあるため、ここでは近い部位の名称をあてはめた

2 スカート…韓国語ではスカートのことを「チマ」といい、牛バラ肉の形状がスカートに似ているため「チマ肉」と呼ばれている

3 夫余…現在の中国東北部にかつて存在した民族およびその国家

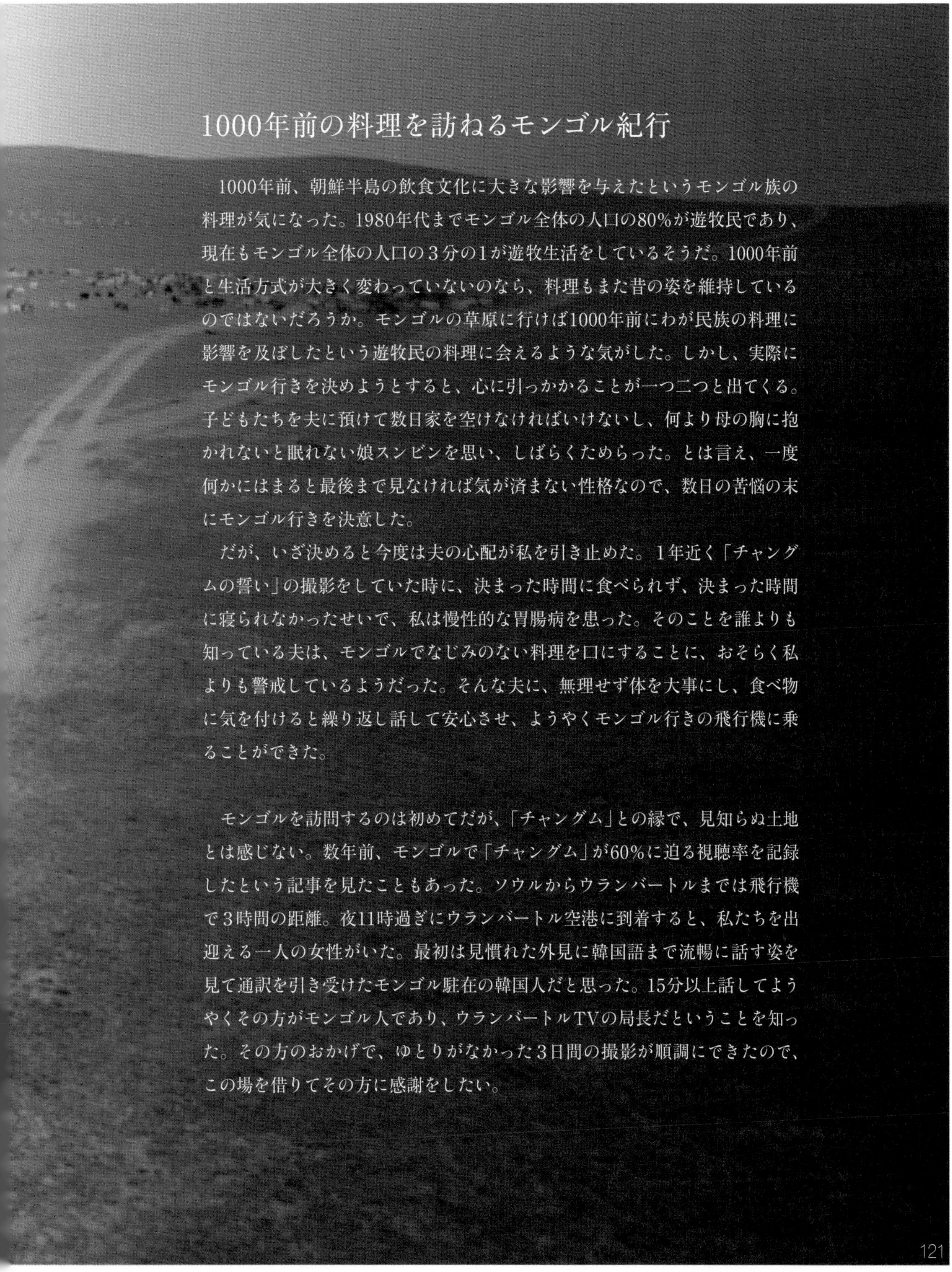

1000年前の料理を訪ねるモンゴル紀行

1000年前、朝鮮半島の飲食文化に大きな影響を与えたというモンゴル族の料理が気になった。1980年代までモンゴル全体の人口の80%が遊牧民であり、現在もモンゴル全体の人口の3分の1が遊牧生活をしているそうだ。1000年前と生活方式が大きく変わっていないのなら、料理もまた昔の姿を維持しているのではないだろうか。モンゴルの草原に行けば1000年前にわが民族の料理に影響を及ぼしたという遊牧民の料理に会えるような気がした。しかし、実際にモンゴル行きを決めようとすると、心に引っかかることが一つ二つと出てくる。子どもたちを夫に預けて数日家を空けなければいけないし、何より母の胸に抱かれないと眠れない娘スンビンを思い、しばらくためらった。とは言え、一度何かにはまると最後まで見なければ気が済まない性格なので、数日の苦悩の末にモンゴル行きを決意した。

だが、いざ決めると今度は夫の心配が私を引き止めた。1年近く「チャングムの誓い」の撮影をしていた時に、決まった時間に食べられず、決まった時間に寝られなかったせいで、私は慢性的な胃腸病を患った。そのことを誰よりも知っている夫は、モンゴルでなじみのない料理を口にすることに、おそらく私よりも警戒しているようだった。そんな夫に、無理せず体を大事にし、食べ物に気を付けると繰り返し話して安心させ、ようやくモンゴル行きの飛行機に乗ることができた。

モンゴルを訪問するのは初めてだが、「チャングム」との縁で、見知らぬ土地とは感じない。数年前、モンゴルで「チャングム」が60%に迫る視聴率を記録したという記事を見たこともあった。ソウルからウランバートルまでは飛行機で3時間の距離。夜11時過ぎにウランバートル空港に到着すると、私たちを出迎える一人の女性がいた。最初は見慣れた外見に韓国語まで流暢に話す姿を見て通訳を引き受けたモンゴル駐在の韓国人だと思った。15分以上話してようやくその方がモンゴル人であり、ウランバートルTVの局長だということを知った。その方のおかげで、ゆとりがなかった3日間の撮影が順調にできたので、この場を借りてその方に感謝をしたい。

韓国では夏の終わりの暑さが猛威を振るう8月末、モンゴルには秋が訪れていた。太陽のない朝夕は韓国の晩秋を思わせるほど冷たい風が吹く。モンゴルに到着した翌日、窓の外は今にも雨が降りそうな雲が垂れ込め、そのせいか、この日の朝はよりもの寂しさが感じられた。やや厚い服を着てホテルを出た後、車で1時間ほど走っただろうか。窓の外には灰色のコンクリートの建物が消え、気付けば雑木の一つもない草原の入り口に入っていた。急に風を浴びたくなった。窓を開けると車の中いっぱいに充満するハーブの香り！　草原を埋めつくす緑の正体は雑草ではなくハーブだそうだ。冷たい風に乗ってくるハーブの香りを嗅ぐと頭まですっきりする。そのように全身で草原を感じながら、さらにどれくらい走っただろう。都市の痕跡が完全に消え、見渡す限りの広い草原の中、その遠くに、遊牧民の「ゲル(Ger、モンゴル族の移動式の家)」と群れを作ってのんびりしている馬や山羊、羊、そして動物の王国でのみ見られるようなヤクの群れが見え始めた。しばらく私が誰であるかを忘れさせるくらい平和で神秘的な風景だった。

目に入るものすべてに感動しているうちに、いつの間にかオットゥゲルルさんのゲルの前に到着した。来る途中でウランバートルTVの局長に速成で習ったモンゴル語で「サエン　バエノ」とあいさつをすると、牛乳のように白い飲み物を出して応えてくれる。彼らの伝統茶であるステ茶だ。お茶の葉を少し剥がして水と一緒に沸かし、羊の乳や馬の乳を加えたのがステ茶。モンゴル人は水の代わりに朝夕にステ茶を飲み、食べ物を食べる時もいつもこのステ茶を愛飲するそうだ。そして、客が来たら対面した瞬間ステ茶でもてなすのが伝統なのである。

オットゥゲルルさんの家族は先祖代々遊牧生活をしてきた遊牧民。なのに、大人も子どもも皆「チャングムの誓い」を覚えていてくれて、私に気付くのだ。

なぜだろうと不思議に思っていると、ゲルの中に入ってその理由がわかった。冷蔵庫やテレビまで、あらゆるものが揃っていた。最近の遊牧民は昔と違い、発電機を利用して電気も使うし、衛星を通じてテレビも観るとのこと。テレビで観た外国の女性が自分たちの前にでんと座っているのが不思議だったのか、子どもたちは立て続けにハグしてくれ、握手してくれと頼みにくる。

後で聞いた話だが、モンゴル人は尊いお客さんが来るといつもふんだんに料理を用意するそうだ。モンゴル遊牧民の料理の心は韓国人の心に劣らない。食前だからか、私の前に出された食べ物のほとんどはおやつのようなものだった。家畜の乳を固めて作ったお菓子「アロール」や、モンゴル式バター、ヨーグルトに似たもの。バターを指に付けて一口食べてみたら、韓国で食べるバターより少し甘かった。古代遊牧民は柱に掛けた革の袋に牛や山羊、または羊やヤクの乳から取った脂肪質を入れてかき混ぜ、バターを作ったそうだが、ここで食べたバターの製造法はその古代の方式ととても似ている。古代の方式が今も残っているのであれば、1000年前の食べ物の痕跡もたやすく見つけられるのではないか？　だんだん期待が高まる。

草原に秋がやってくると、遊牧民は忙しくなる。近づく冬を越すための食べ物と来年の夏に備える食べ物を準備しなければいけないからだ。オットゥゲルルさん家族は冷たい風が本格的に吹いてくる9月初めになるとここを離れて南の方に移動する予定だと言った。

モンゴル国立大学食品栄養学科のオンゴデ教授は「モンゴルの食べ物は白い食べ物と赤い食べ物に区分される」と教えてくれた。家畜の乳から得た乳製品、すなわちゲルの中で食べたバターやヨーグルト、そしてアロールが白い食べ物

朝と夜の気温差が大きい高原地帯で、モンゴル人はカロリーの高い肉を摂取して寒さに耐え抜く

に該当し、家畜から得る肉を赤い食べ物と呼ぶ。白い食べ物は「清廉」と「真心」を、赤い食べ物は「豊かさ」を象徴する。さらに、白い食べ物は季節を問わずいつでも食べることができるが、赤い食べ物はつぶしておいた肉が傷む夏前までに、秋から来年夏に食べる分まで準備するのが遊牧民の風習という言葉も付け加えた。

モンゴル人が野菜を摂取し始めたのは最近のことで、代々伝わってきたほとんどのモンゴル伝統料理は肉料理だ。中央アジアの高原地帯は朝と夜の気温差が大きいので、カロリーの高い肉を摂取しないと寒さに耐えられない。近代化が始まり、モンゴル都市部の料理は外部の影響を受けて変化したそうだ。しかし、草原で生活する遊牧民の食べ物は昔も今も大きく変わっていない。それは彼らが置かれた自然環境のためだ。肉料理の種類だけでも100を超えると言われるモンゴル料理。その中には確かに1000年前の朝鮮半島に伝わったと思われる肉料理がありそうだ。

モンゴル式[1]肉脯《ユクポ》、ボルツ

今年の冬と来年の夏を越すために準備しておいた食べ物を見せてあげると言って、オットゥゲルルさんの奥さんであるオユンゴーさんが私をゲルの外に引っ張った。ゲルの前庭(あの広い草原がすべて前庭だろうが、ゲルの目の前だから前庭としよう)には木で柱を建ててその上に雨を避けるくらいの小さなスレートを載せた仮小屋のようなものがあった。その屋根の上にはアロールが干してあり、屋根の下にはまるで洗濯物のように肉の欠片が幾列も掛かっている。

冷たい風が吹き始めると、脂肪質が少ない牛の内ももの部位の肉を切って風で干す。これが「ボルツ」という料理だ。秋から干し始め、4月までボルツを作る作業は続く。涼しい時は生肉を食べることができるが、暑い夏には肉を保管するのが難しいため、かなり前から肉を干して貯蔵しておくのだ。

ボルツを見たら、わが国の肉脯を思い出した。韓国の肉脯はしょうゆや砂糖、コショウ、水あめで味を付け、ナツメや松の実を飾りに載せて干すが、ボルツは何の味付けもしないまま、自然の風のみで干す。

酒のつまみや間食として肉脯を食べる私たちと違い、モンゴル人はボルツをさまざまな方式で摂取する。移動をする間にかじって食べたりもするし、ご飯を作る時にボルツを入れたりもするし、ボルツを材料にしたスープを作って食べたりもするということだ。

1　肉脯…韓国で食べられる柔らかいビーフジャーキーで、甘じょっぱいのが特徴

1カルビチムを連想させるホルホック

モンゴルでは尊い客が来ると必ずふるまう料理があるそうだ。それが「ホルホック」。1300年前からモンゴル人が好んで食べる代表的な草原料理である。私にホルホックを食べさせてあげるとオットゥゲルルさん家族が羊の群れに入った。生きている羊をつぶす姿を見たらとてもホルホックを食べられそうもないので、しばらく席を外した。

ウランバートルTVの局長に聞いた話だが、羊をつかまえて胸に刃を入れて、心臓を握り潰すと一瞬のうちに死ぬそうだ。このやり方は、実は家畜が死ぬ時に最も苦痛が少ないらしい。いつの間にか一頭の羊が部位別に解体されていた。いよいよホルホック作りのスタートだ。

ドラム缶の上の部分を切ってその中に燃える薪を入れ、その上に羊が丸ごと入るほど大きな圧力釜を乗せる。そして、ジャガイモとニンジン、タマネギ、羊肉を圧力釜に入れるが、ここにもう一つ入れるものがある。あらかじめ熱しておいた石ころだ。そうすることで、肉に早く火を通すことができ、また肉の臭みを消して味が一層良くなる。

ホルホックの完成には2〜3時間かかるため、できる頃には夕方になっていた。釜のふたが開く瞬間、茶色くおいしそうに火の通った羊肉や湯気がもわもわ出る丸のままのジャガイモ、そしてニンジンが姿を現す。ホルホックには羊肉を使うが、大きな釜に肉の塊を入れて蒸す方式はどこかチムに似ている。

ホルホックはモンゴル人が好んで食べる草原料理で、わが国のチムととても似ている

よく火の通った肉をお盆に盛って出すと、大人も子どもも皆、なぜか肉ではなく石ころから先に手にする。さっき釜の中に一緒に入れた石ころだ。「熱い

石ころを両手で握ってなでると疲労感がとれ、寒さに打ち勝つのに効果がある」という言葉に、私もあわてて石ころを握った。約5分、石をなでながら手を温めた後、家族は肉を一切れずつ切って食べ始めた。

実は私は羊肉が得意ではない。羊肉特有のにおいがそれほど好きではないからだ。オットゥゲルルさんが私に一塊の肉を差し出すので、私は少々困った。しかし断るのは礼儀に反すると思い、「えい、知るか！」という気持ちで羊肉の一切れを取って口に入れてみた。すると韓国で食べたどんな肉より柔らかくて淡白で、羊肉特有のにおいもなかった。最初は味見だけのつもりが、気付くと大きな塊を何個も食べていた。

1　カルビチム…骨付きカルビをしょうゆや砂糖をベースにした甘辛いたれで長時間蒸し煮にしたもの。宮廷料理

[1]カルグクスの遠い親戚、ゴリルタイシュル

ゲルの外で男性たちがホルホックを作る間、オユンゴーさんは別の料理を準備していた。その名も「ゴリルタイシュル」。遊牧民が主食のように好んで食べる麺料理だ。滑らかに削った木の棒で小麦粉を練ったものを押して薄くした後、これを包丁で切って麺にする。韓国でもよく見た光景だと思ったら、カルグクスを作るのと全く同じではないか。唯一の違いは、麺の長さが中指の長さほどで、カルグクスのそれよりも短いというくらい。

オユンゴーさんが麺を切るのを見ているとそれほど難しくなさそうなので、自分でやってみたいと包丁を受け取った。だけど私が切った麺は麺同士がぴったりくっ付いて一向に離れようとしない。練ったものを切る時は手から力を抜かなければいけないのに……。チャングムの面目丸潰れだ。

そうしている間にスープが完成した。韓国のカルグクスと違い、ゴリルタイシュルは羊肉やボルツを入れてスープを作るそうだ。ある程度スープに出汁が出たと思ったら、羊肉を取り出してここに麺を入れる。麺を入れると見た目は安東《アンドン》カルグクスと違いがない。その上、濃いスープの味はちょうどコムタンに似ている。

麺を入れずにボルツだけ入れて作ったスープを「シュル」といい、韓国の[2]ソルロンタンはシュルに由来したものだと韓国人コーディネーターが教えてくれた。シュル、ソル、ソルロン……。確かに、発音は似ている。

肉を入れてゆでて食べる肉のスープは北西の遊牧民に由来し、私たちのお膳に並ぶようになった

後日、韓国に戻って飲食学者にソルロンタンの由来について聞いた。彼によると、ソルロンタンという名前にはいろいろな説があるそうだ。史学者で文人の崔南善（1890～1957）は肉をゆでて作った汁物を意味するモンゴル語「シュ

ル」と、日本語の「汁(しる)」が合わさってソルロンタンという名前が生まれたとし、また別の人はソルロンソルロン(風になびかれ揺れる様子を意味する言葉)と作るからソルロンタンという名前が付けられたと主張している。さらに別の説もある。朝鮮王朝時代には[3]啓蟄を過ぎて最初の亥の日になると[4]先農壇《ソンノンダン》で、豊作を祈願する祭祀を行ったそうだが、この時、牛と豚をつぶして丸ごと祭祀のお膳に上げたそうだ。そして祭祀が終わると、牛は汁物にし、豚はゆでて切ったものを、王と民が分け合って食べる風習があった。ゆえに、ソルロンタンという名前は先農壇が変形したものだという主張だ。

理由はどうあれ、肉を入れてゆでて食べる肉のスープは北西の遊牧民に由来する料理ということである。三国時代にもわが民族は肉のスープを作って食べたが、その命脈が切れ、高麗末に元の影響で復活したものと思われるという言葉も付け加えた。伝わった時期がいつであれ、あの遠いモンゴルの草原の料理が私たちのお膳に並ぶ料理と似ているのはとても興味深いことだ。

1　カルグクス…韓国式のうどん。地方によって海鮮出汁や鶏肉、煮干し出汁など味は異なる。安東カルグクスは白菜の入ったスープにきな粉と小麦粉を練った麺を入れるのが特徴
2　ソルロンタン…牛の肉や骨を長時間煮込んだ乳白色のスープ料理
3　啓蟄…二十四節気の一つ
4　先農壇…皇帝が自ら鋤を持って行う農耕儀礼の祭祀施設

食べ物文化の溶鉱炉になる

翌日、ウランバートル市内にあるモンゴル伝統料理店に行ったら、さらにた
くさんのモンゴル伝統料理を食べることができた。料理長が出してくれたさま
ざまなモンゴル伝統料理は、草原で食べた料理に比べて派手だった。外国人
観光客を相手にしているのでデコレーションにとても気を遣ったようだ。

一つひとつを見てみると、朝鮮半島の料理と似ている点がたくさん目に付く。
[1]王饅頭《ワンマンドゥ》のように見える「バオズ」は韓国の王饅頭とは違い、肉だけを詰めるの
が特徴だ。羊をゆでたものをカットして出す「ショウバーロウ」は牛肉の[2]スユク
に似ており、牛肉にキャベツとジャガイモ、ニンジン、ネギを入れて作る「ノゴー
トイシュル」は韓国の牛肉と大根のスープを連想させる。また、羊の血とそば粉、
野生のニンニクとニラを混ぜて餡を作り、羊腸に入れて釜でゆでた「ザイダス」
という料理は豚が羊に変わっただけで韓国の[3]スンデとほぼ同じだ。

ひときわ朝鮮の料理と共通点が多いモンゴルの料理。その一部は元の時に
朝鮮に伝わったという。だからだろうか、家畜の赤身だけでなくほぼすべての
部位を料理の材料として活用するというところや、肉を利用したスープや蒸し
物の文化が発達したというところも、朝鮮とモンゴル料理はとても似ている。

元と高麗の料理の交流に関する話をもう少し詳しく聞くために、モンゴル国
立大学で韓国学を研究しているチェレンドルジ教授と一緒にモンゴル国立博
物館を訪ねた。２階の展示館には、ユーラシアから東北アジアに至る巨大な帝
国を建設しモンゴルの全盛期と呼ばれる13世紀の元の遺物が展示されている。
この展示館に入るとまず、大人10人が入っても余るほどの巨大な釜が目に入る。
チェレンドルジ教授はモンゴル帝国の時使われた「黒竜の釜」を紹介しながら、
世界を制覇できたさまざまな要因のうちの一つとして飲食文化を挙げた。

モンゴル帝国の軍隊は機動力と組織力、そして勇猛さを兼ね備えた世界最強の軍隊に挙げられる。そのモンゴルの軍人は戦場に行く時、牛肉を干したボルツを携帯していたが、水分が抜けた牛肉は軽くて携帯するのに楽だっただけでなく、移動しながら一食分の食事をとることができた。さらに、軍装を解いた時は大きな釜にボルツを入れ、スープを作って食べもしたそうだ。肉を主食としたモンゴル軍は本国から携帯してきたボルツや戦場で狩った肉で食糧を充当できたのだ。

時折大河ドラマを見ると、兵糧の補給路を断ったり兵糧を積んでおいた倉庫を燃やしたりして敵軍を退ける話が出てくる。飢えた敵を相手にするのは、敵の手足を縛って戦うのと同じことだっただろう。しかし、ボルツと狩りで兵糧を解決していたモンゴル軍にはそういう戦術が通じなかったようだ。

モンゴル帝国の軍隊が朝鮮半島に入ってきたのは1231年、そこから30年間、高麗は元と戦争を行った。しかし、高麗はそれ以降も100年近く元の干渉を受けなければならなかった。数多くの元の人が高麗に入り、高麗からも王族から市民までさまざまな身分の人が元に渡っただろう。チェレンドルジ教授は、当時元では高麗の服飾や料理、器物が流行していたが、これを指して「高麗様」あるいは「高麗風」と呼んだと言った。反対に高麗で流行した元の服飾や料理を「モンゴル風」と呼んだそうだ。互いに異なる民族と文化が混ざりながら私たちの生活像も変わり始めたが、料理も例外ではなかった。私たちが好んで食べる豆腐や、韓国を代表する酒の焼酎も当時、元を通じて入ってきた飲食文化である。

しかし、何より最も大きな変化は肉食の復活だった。肉食中心の食習慣を持ったモンゴル人が高麗に大挙移住して、彼らの飲食文化が高麗に広まったのだ。当時高麗に入ってきたモンゴル人を韃靼人と呼んだ。

前でチョン・ヘギョン教授が言ったように、高麗人は屠殺が上手ではなかったので、韃靼人は屠殺を業として生計を立てたそうだ。これが[4]白丁の始祖だった。歴史学者のイ・ヒグン先生は『われわれの中の彼ら、歴史の異邦人たち』という本で朝鮮初期のいろいろな文献から韃靼人の存在を確認できると書いている。『太宗実録』と『世宗実録』にはモンゴル人の末裔である韃靼人が黄海道と

平安道、咸鏡道一帯で牛乳を絞って屠殺をするなど、彼らの固有の生活方式である牧畜を維持しながら暮らしていたと書かれているということだ。

高麗末、朝鮮半島に入ってきたモンゴルの料理は崇仏思想で禁忌視されてきたわが民族の肉食文化を復活させただけでなく、元の調理法を基盤に肉料理をより多彩にする足掛かりを作った。1715年、朝鮮の粛宗の時、洪萬選《ホンマンソン》(1643～1715)が編纂した家庭生活書『山林経済』に登場する肉類の調理法のうち60%が元の調理書である『居家必用』を引用したそうだ。羊の頭をゆでて四角く切り出した「炙羊頭」、羊肉をゆでてスユクのように出す「炙羊肉」、羊の内臓を生で味付けして食べる「羊肉膾方」などは、羊肉か牛肉かの違いだけで、牛肉の[5]片肉《ピョンユク》、牛肉のスユク、センマイやマメ、レバーの刺し身などと調理法は同じだ。元の肉の調理法がわが国の料理に影響を及ぼしたという歴史を確認できる部分だ。

朝鮮王朝時代、王室でのみ食べたという駝酪粥《タラクチュク》(牛乳を入れて作ったおかゆ)も、ユッケも、モンゴル族の影響を受けて生まれた料理である。しかし、モンゴル人が好んで食べていたアロールやバター、ヨーグルトは高麗に定着しなかった。その理由は、牧草地が少なかったせいで乳牛を育てるのが難しかったからだ。その上、[6]韓牛は乳が少なかったせいで駝酪粥くらいならともかくアロールやバター、ヨーグルトを作るにはその量がとんでもなく不足していた。多様なモンゴルの料理が高麗に伝来したが、朝鮮半島の条件に合う料理のみ生き残り、韓国人の好みが加わって新しい料理に変貌していったのだ。

肉食中心の食習慣を持ったモンゴル人が高麗に大挙移住して、彼らの飲食文化が高麗に広がった

血に染まった戦争の歴史の中で数多くの料理が誕生したなんて、とても皮肉なことだ。そう見ると、私たちが好んで食べる[7]部隊《プデ》チゲもまた朝鮮戦争を通

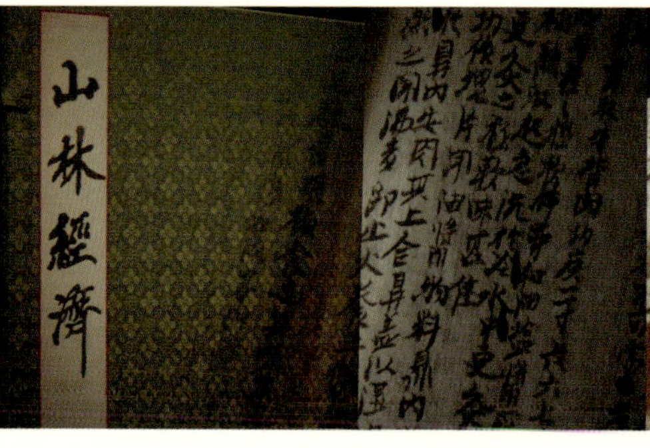

じて生まれた料理だ。戦争という混乱の中でも人はなじみのない文化を自分のものとして受け入れ、その中でまた新しい文化を芽生えさせる。その代表的なものが料理ではないかと思う。今、私たちのお膳に並ぶ料理の中には朝鮮民族が歩いてきた道が重なり積もっている。この地で長い歳月、風雪に耐えながら生きてきた昔の人の暮らしと知恵が一つひとつに打ち込まれている。だから、料理は単純に食べる物ではなく韓国人の暮らしを代弁してくれる贈り物であり、朝鮮の民族の長い暮らしを振り返らせてくれる大事なものだ。

1　王饅頭…大きめの餃子
2　スユク…牛や豚の肉をゆでて薄切りにした料理
3　スンデ…豚の血やもち米、香味野菜、唐麺を、豚の腸に詰めて蒸したソーセージ
4　白丁…高麗時代までは中国や日本と同じく無位無冠の良民を指す言葉であったが、李氏朝鮮の時代に身分制度が複雑化すると、国王、両班、中人、常人、賤民（＝賤人）のうち白丁は賤民の最下位に位置づけられた
5　片肉…頭肉を切り出して固め、四角く切り出した料理
6　韓牛…朝鮮半島で飼育される牛の亜種。朝鮮牛とも
7　部隊チゲ…肉、野菜、豆腐といったチゲの一般的な材料と、ランチョンミートやインスタントラーメンといった保存食を入れ、辛く煮込んだチゲのこと

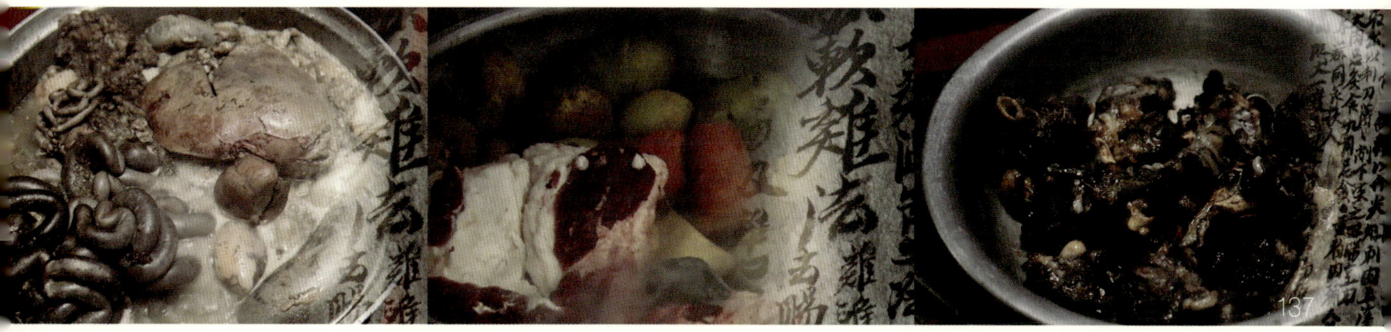

第4章　朝鮮の両班たち、牛肉を貪る

普段は肉より野菜を好むが、このドキュメンタリーの撮影期間はありとあらゆる肉料理を味わった。薄く切った牛肉にもち米の粉と卵で衣を付けて焼く肉煎《ユクチョン》、弾力のある食感の片肉、千切りの梨と肉が絶妙な食感を生むユッケ、さまざまなきのこと野菜を入れて一緒に煮た牛肉チョンゴル、水原《スウォン》で食べたとてつもない大きさのカルビ焼き。刻んだ牛肉を焼き網に載せて焼いて食べる彦陽《オニャン》式プルコギと、汁をご飯と混ぜて食べるのが絶品の平壌式プルコギまで。わが民族の肉料理はどの民族より多様だと思う。調理法も、煮てゆでて蒸して炒めて焼いて干して発酵させて焼いて……。無限の調理法を持っているのが韓国の肉料理だ。いくつかの料理は近代に入って誕生したが、今私たちが好んで食べているほとんどの肉料理は朝鮮王朝時代に誕生したものだそうだ。

高麗末、華麗に復活した肉食文化は朝鮮王朝時代に入って花を開かせた。ある論文によると、豚肉の代表的な調理法は50種類、羊肉は29種類だが、牛肉は149種類にもなる。他の肉類に比べて牛肉の調理法がずば抜けて多い理由は何だろうか？　湖西《ホソ》大学のチョン・ヘギョン教授は「朝鮮王朝時代には牛肉がとても貴重な食べ物だったので、頭から足の先まで捨てる部位がなく、調理法もまた多様に発展した」と言う。

数年前、楊州《ヤンジュ》に遊びに行った時、偶然「[1]ソノリグッ」というものを見た。巫女と馬引き、そして子牛の仮面を被った人が一緒に出てきてやりとりし面白い話をするのを見ながら、韓国人にとって牛は他の家畜より親みを感じる動物だったからソノリグッも生まれたのだろうなと思った記憶がよみがえる。農業が国家の基盤だった朝鮮王朝時代、牛は農業をするのに欠かせない家畜だった。今でこそトラクターで田畑を耕し、土をつぶし、物を運ぶ仕事まですべて機械でできるが、以前はすきを引くのも、荷物を載せて運ぶのも牛の役割だった。だから、牛を他の家畜と同列には扱えなかったのだろう。

牛禁令を避けるためにいろいろな手段を講じて牛をつぶす人もいた

朝鮮を建国した太祖は「牛を個人的に屠殺することは当然禁止しなければならない」と牛禁令を出し、これを漢城府が管掌するようにした。それだけでなく、牛肉を買って食べる人もまた「屠殺犯を庇護した」として処罰の対象になった。牛を密かに屠殺したという理由でむち打ちの刑を受けることは茶飯事であり、ひどい場合には死刑に処されたという逸話もあるそうだ。民のお膳に並ぶ食べ物まで国家で管理したというのは少しやりすぎだという気もするが、考えてみれば牛なしで農業をすれば収穫量が減り、収穫量が減ったら国家の財政も打撃を負っただろうから牛禁令を下した理由がわかる気もする。

ところで、やるなと言われればもっとやりたくなり、食べるなと言われればもっと食べたくなるのが人間の心理ではないだろうか。牛禁令を避けるためにいろいろな手段を講じて牛をつぶす人もいた。ひとまず牛をつぶしておいて「足が折れた牛をつぶした」と告げたり、絶壁から牛を押して落とした後に「死んだ牛をつぶした」と虚偽の報告をしたりする人もいたそうなので、牛肉に対する執着がどれほどだったか想像できる。

牛禁令が厳しく敷かれた朝鮮社会で牛肉を食べることができる人は多くなかった。庶民にとっては絵に描いた餅であり、力とお金のある両班や王族が味わうことができる特別な食材だった。手に入れるのも大変だったが、値段も高く普通の家ではハレの日に牛肉を汁物、煮物に入れて食べるのがせいぜいだった。しかし、金持ちや両班はカルビ蒸し、カルビ焼き、肉煎、[2]ノビアニのように牛肉を使ったさまざまな調理方法を発達させたそうだ。さらに牛肉は両班の風流となった。牛の心臓を薄く切って味付けをして焼いて食べる「牛心炙《ウシムジョク》」、雪の降る日に竹串に刺して焼いて食べるという「雪夜覓《ソリャミョク》」、陰暦10月1日に火鉢のそばに囲んで座って焼いて食べる「煖爐會《ナンノフェ》」がそれだ。特に煖爐會は朝鮮後期に漢陽《ハニャン》を中心に両班の間で大きな人気を得た。朝鮮後期の歳時風俗を記録した『東国歳時記』では「都の風俗に陰暦10月1日になると、多くの人が火鉢のそばに囲んで座って火鉢に焼き網を乗せ、キルムジャン、卵、ネギ、ニンニク、山椒で味付けした牛肉を焼いて食べることを煖爐會という」と書いてある。朝鮮王朝時代の風俗画の中にも煖爐會を描いた作品があり、正祖もまた[3]奎章閣《キュジャンガク》、承政院、[4]藝文院《イェムヌォン》の官僚を呼んで煖爐會を始めたという記録まであるのを見るはもちろん両班の家で相当流行していたようだ。これくらいになると、牛禁令も形ばかりのものである。キム・ジョンホ著の『朝鮮の貪食家たち』には、朝鮮後期にも、牛禁令は依然としてあったものの、以前のように重い処罰が下されることはなくなったと書かれてある。刑罰よりは罰金を徴収したということだ。天下の美味を味わうのに、金持ちにとっては罰金などたいしたものではなかっただろう。およそ150のわが民族の多様な牛肉料理は、牛禁令と、牛禁令の下でも牛肉を食べようとした両班の執拗な食い意地の下で発展してきたのだ。

1　ソノリグッ…直訳で「牛の遊びのクッ」。クッとはムーダンが行う祭祀のこと。供え物をし、踊ったり呪文・神託等を唱えたりして村や家の安泰病気の治癒等を祈る
2　ノビアニ…現在のプルコギの原型。宮廷やソウルの両班家で使われていた言葉
3　奎章閣…李氏朝鮮の王立図書館に相当する機関
4　藝文院…王命の記録等を担当した部署

朝鮮王朝時代、両班が愛した牛肉料理

料理	調理法
牛心炙	牛の心臓を薄く切って調味しょうゆ（しょうゆ、梨、砂糖、刻みニンニク、刻みショウガ、ネギ、ごま油、ごま塩、コショウ）で味を付けて焼く料理。弾力のある歯ごたえが味わえる
雪夜覓	牛肉を薄く切って包丁の背でたたいて柔らかくし、竹串に刺して油と塩を塗る。味が十分に染み込んだら弱火で焼き、水に漬けてまた焼く。これを3回繰り返してからごま油を塗り、再び焼くと肉が柔らかくなる
煖爐會	火鉢に火をつけ、油としょうゆ、卵、ネギ、ニンニク、唐辛子粉で味付けした牛肉を鉄製の大型フライパンで焼いて食べる。陰暦10月1日、野外にて大勢で一緒に食べるとおいしい

プルコギ恋歌

夏に料理紀行を始め、気づけば冬になっていた。とりわけ雪が多かった去年は、雪がすべて溶けきる前にまた降ってを繰り返し、いつの間にか1メートルを超える積雪となったせいで、前庭が痕跡もなく消えてしまった。春にならないと前庭がその姿を現さないほどの雪で疲れた年だった。去年に学び、今年は雪爆弾に備えるあれこれをしっかり準備しておいた。だが、12月が過ぎても雪を見られずにいるなと思っていた矢先、牡丹雪が降り始めた。たった1時間で世界が白い雪原に変わった。雪を片付けるのにうんざりだと思うのは大人だけ、子どもたちはまるで水を得た魚のように雪に覆われた地をごろごろ転がって楽しんだ。雪が降ったので急に雪夜覓が思い出される。雪の降る夜には両班が火鉢で焼いて食べたという雪夜覓。火鉢はないし竹串もないが、雪夜覓を思ってプルコギを準備した。

プルコギは韓国の代表的な肉料理であり、最も大衆的な肉料理の一つだ。料理下手の主婦でも簡単にできる。私も好んでよく食べていたが、子どもたちがご飯を食べるようになってからは、わが家は週に1度は必ずプルコギを作るようになった。

熟した柿を入れてプルコギを作る私の姿がテレビに映った後、よく周囲からその味付けについて質問された。熟した柿を入れたのは、そういったレシピがあったわけでも、小さい頃から親しんだ家の味というわけでもなく、ただの私の思いつきだったのだが、周りから「熟した柿をどれくらい入れればいいか？」と聞かれた時は本当に困った。実は、私が作るほとんどの料理はレシピがない。ただ私の趣向通り、思う通りに作る。「挑戦の精神に徹した料理」とでも言おうか？　その徹底した挑戦の精神のおかげで、うちのプルコギは他の家のプルコギとは少し違う。必ずしも熟した柿を入れることに固執しているわけでもなく、肉質がかたいか柔らかいかによって梨汁や梅エキスを入れもするし、キウイやいろいろな果物をすりおろして入れもする。しょうゆも倭しょうゆと魚醤、出汁しょうゆを混ぜて使う。

さらに、わが家のプルコギにはとりわけ野菜がたくさん入る。子どもたちが大きくなるにつれて野菜を嫌がるようになったので、子どもたちが好きなプルコギに野菜をたっぷり入れてしまおうということだ。ニンジンとタマネギ、きのこは基本で、ここに各種パプリカを入れたり、ごぼうを細切りにして入れたりもする。野菜と肉を分け隔てなく食べさせるには、ご飯に混ぜるのが一番だ。そのため、普通のプルコギより出汁もたくさん入る。これくらいになると、プルコギというよりプルコギチョンゴルに近いものだ。

プルコギが国家代表クラスの韓食だということに対して異議を唱える人はあまりいないだろう。しかし、プルコギと呼ばれる料理が登場してから、実は100年も経っていない。

プルコギという単語が初めて登場した文献は、1922年4月1日『開闢』(1920年に発行された月刊の総合誌)22号に載った玄鎮健《ヒョンジンゴン》(1900～1943)の小説「堕落者」だ。それ以降、1930年代に入っていろいろな文献や資料、さらには大衆歌謡にもプルコギという単語が登場する。ソウル大学のイ・ギムン教授は、プルコギは第二次世界大戦終戦以前までは平安道でのみ使う方言だったが、終戦以降に避難民の移動と共にソウルでも使われるようになったのだと言う。最近も平壌式プルコギが人気なのを見ると、古くからプルコギは平壌の代表的な料理だったようだ。1935年の東亜日報の記事には「牡丹臺《モランデ》名物のプルコギを禁止」という記事が載ったそうだ。平壌の牡丹臺の名物料理であるプルコギを屋外で焼くことを禁止するという内容である。政府が禁止令を出すほど、当時の平壌の人はプルコギをとても好んでいたのだろう。食文化を研究する人の言葉によると、1933年平壌で肉食を目的に牛を育て始めたが、「平壌牛」が柔らかくておいしいと評判になり、平壌の名物に選ばれたそうだ。「プルコギ」が平壌式の方言なら、ソウルや他の地方ではプルコギをどんな名前で呼んだのだろう？プルコギの本来の名称を知るためにはプルコギの起源を探す必要がある。

プルコギの起源にはいろいろな説があるが、朝鮮王朝時代の雪夜覓から進化したという説が有力そうだ。伝統料理研究家ユン・スクチャ先生が再現した雪夜覓の調理法は次の通り。ごま油としょうゆ、ネギ、ショウガとコショウで味付けした肉を串に刺した後、炭火の中に入れて灰を被せて焼く。肉に火が通り始めたら冷水に浸し、また灰の中に入れて焼くことを３回繰り返した後、再び味付けをして焼く。雪夜覓の調理法は現在のプルコギとは違う。砂糖や蜂蜜も入らず汁気もない。その上、冷水で冷やしてまた焼く過程を繰り返す独特な調理法だ。

ユン・スクチャ先生は「牛禁令があった朝鮮王朝時代には食べられる牛が多くなかった。老いて耕牛として引退した牛や、すでに死んだ牛を主に食べたので、おそらく肉がとてもかたかったのだろう。そのかたい肉を柔らかくするために冷水に繰り返し浸す調理法を使ったのではないかと推測する」と言って調理法が生まれた背景を説明した。

その後、この雪夜覓はノビアニという名前で呼ばれるようになるが、ノビアニは宮中プルコギとして知られている。もちろん雪夜覓のように冷水に浸したり串に刺したりはしないが、味付けをして直火で焼くという点が共通している。プルコギが大衆化し始めたのは1960年代、プルコギ専門店と看板を出す食堂が登場してからだ。

家でプルコギを作って食べる時もあるが、鉄板で焼いて食べるプルコギが恋しい時もある。そういう時、夫と一緒に訪れるプルコギ屋がある。ソウルで最も古いプルコギ専門店の一つである「韓一館《ハニルグァン》」だ。ここのプルコギはきめ細やかなヒレ肉と淡白であっさりしたスープの味が素晴らしい。1939年に開業をしたというので、およそ80年のノウハウがスープに溶けているようだ。ところで、韓一館をオープンした当時でさえまだ、プルコギの調理法は現在のものよりノビアニに近かったと韓一館の社長は言う。その後、1968年に明洞店をオープンした時に、スープを注ぐことができるプルコギ鍋を披露し、評判が良かったためそれからずっとその方式を維持しているそうだ。

雪夜覓からノビアニへ、そして炭火で焼いて食べるプルコギからスープ入りのプルコギへ変化する間、調理法と同じくらい味付けも変わった。1715年の『山林経済』に登場するノビアニの調理法を見ると、塩、しょうゆ、酒、ごま油、酢、ネギ、小麦粉が味付けとして使われたと書かれている。塩や酢、小麦粉が入ったノビアニとはどんな味か、味を描く才能があるチャングムならともかく、私には到底その味が描けない。1815年の『閨閤叢書』に登場するノビアニはショウガとごま油、コショウのたった三つが味付けとして登場する。確かに、今も水原カルビは塩のみで味を付ける。水原カルビの最も大きな特徴は一つの肋骨が普通の肋骨の２～３倍ほどの大ぶりなものだということと、しょうゆの代わりに塩で味を付けるという点だ。水原カルビの別名は王《ワン》カルビ。大きいからそう呼ばれたりもするが、昔王が食べた料理だからという説もある。そういえば、塩、ネギ、ニンニク、コショウ、砂糖だけで味を付ける水原式カルビの味付け法は日本統治時代の『朝鮮料理法(1939年)』という調理書に登場するノビアニと似ている。

人の好みはそれぞれなので、家ごとに肉の味付けにも違いがあるが、個人的には甘い味が好きだ。だからプルコギを調理する時は他の主婦より果汁を多く入れる。さらに、肉に砂糖や果汁などの糖分を入れると肉が柔らかくなるとい

時代別ノビアニの味付けの材料

１７１５年
『山林経済』
塩、しょうゆ、酒、
ごま油、お酢、ネギ、小麦粉

１７６６年
『増補山林経済』
塩、しょうゆ、ごま油

１８１５年
『閨閤叢書』
ショウガ、ごま油、コショウ

１８２７年
『林園十六志』
塩、しょうゆ、
ごま油、コショウ

１９３９年
『朝鮮料理法』
しょうゆ、ごま油、
ごま塩、砂糖、コショウ、
ネギ、ニンニク、梨

１９４３年
『朝鮮料理無双新式料理製法』
しょうゆ、油、ごま塩、
砂糖、コショウ、ネギ

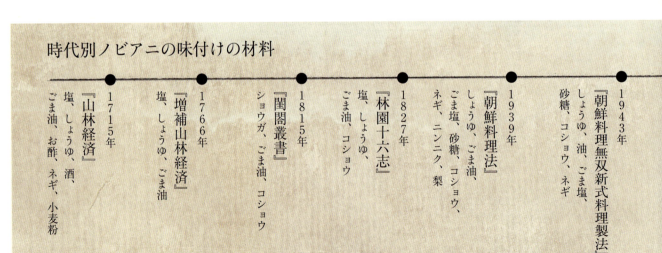

いう長所もある。だとしたら、肉に甘味を加えて食べ始めたのはいつからだろうか？　砂糖や梨汁を入れて甘い味を出したノビアニが初めて登場したのは1900年に入ってからだ。

1700年代初めから1900年代まで200年の間、ほぼ共通して使われた材料があるそうだ。しょうゆとごま油だ。しかし、朝鮮王朝時代に使われたしょうゆは今の倭しょうゆとは違い、伝統的なしょうゆを使っていただろうから、似ている味付けだとしても朝鮮王朝時代のノビアニと今日のプルコギの味は違うのではないだろうか？　このように料理はいろいろな民族との交流を通しても変化するが、時代によって変化するものでもある。

出典：『韓国のスユク類料理の文献的考察』／オ・ヒョンスン著／2002年

1992年
『韓国の食べ物』
しょうゆ、ショウガ、ごま油、ごま塩、砂糖、蜂蜜、コショウ、ネギ、ニンニク、梨

1987年
『韓国の味』
しょうゆ、ショウガ、ごま油、ごま塩、砂糖、蜂蜜、コショウ、ネギ、ニンニク、梨

1976年
『韓国料理百科事典』
しょうゆ、ごま油、ごま塩、砂糖、コショウ、ネギ、ニンニク、梨

1965年
『韓国料理』
しょうゆ、ごま油、ごま塩、砂糖、コショウ、ネギ、ニンニク

1957年
『李朝宮廷料理通攷』
しょうゆ、ごま油、ごま塩、砂糖、コショウ、ネギ、ニンニク

雪夜覓誕生の秘密

ドキュメンタリーの撮影過程で、北京にも韓国のプルコギと似た料理があることを知った。烤羊肉《カオヤンロウ》という料理だ。烤羊肉を食べるために北京の什刹海《シーチャーハイ》に向かった。

什刹海は北京に来た観光客が好んで訪れる名所の一つ。北海公園の湖の周りには多くのライブカフェが密集している。中国風の絢爛なカフェの建物に沿って路地の間に入ると、明·清の時代の建物が並んでいる。この道は13世紀、元の時に造成された道だそうだ。この道に北京で最も古い飲食店の一つである「烤肉季《カオロウジー》」がある。なんとその歴史は160年にもなるそうだから、清の時に創業した飲食店ということだ。当時、この道には焼き物を売る露店がたくさんあり、季という姓を持った人が建物を買って焼き物専門店を作った。それが後の烤肉季である。

烤肉季のマネジャーであるルジエンウェイさんに案内されて入った部屋には、直径1メートルを超える巨大な鉄板が置かれていた。薄く切った羊肉や牛肉に、しょうゆとニンニク、鶏の出汁、塩、そして砂糖を入れて和えた後、この鉄板で焼いて食べる。それが烤羊肉である。烤肉季の代表的な料理だ。鶏の出汁が入るという点を除けば、朝鮮王朝時代のノビアニの味付けととても似ている。

ところで、この烤羊肉という料理が誕生したのは元の時代だそうだ。チョ·ヨングァン教授は「中国の肉の調理法もまた元の影響をとても受けた。それまでは中国人が肉を食べる比重はそれほど高くなかった。しかし、元代にモンゴル族が統治して彼らの習慣や趣向が自然に中国社会全般に影響を与えたのだ。当時中国の飲食文化はとても変化した」と言い、興味深い事実を付け加えた。「だとしたら、元の時に生まれた料理はすべてモンゴル族の料理だろうか？ それは違う。モンゴル族と漢族が結合して作り出した食文化だろうか？　それも違う。もっと複雑だ。モンゴル族は強大な勢力のグローバルな民族だった。モ

正宗兰州拉面
老北京炸酱面

ンゴル族が中国を統治した90年間、数十万人の異民族が中国に入ってきた。彼らは色目人と呼ばれたが、今日では中央アジアのイスラム文化を持った民族を指す言葉だ。色目人は元帝国でモンゴル人に次ぐ社会的地位を享受した。内政はもちろん遠征をはじめとした対外関係でも元の政権の頭脳の役割をした。従って、モンゴル族の草地文化と中央アジアに住んでいた色目人のイスラム文化、さらにいろいろな民族の文化が結合して元の時期の独特な食文化を作り出したのだ」。チョ・ヨングァン教授は、元こそいろいろな民族の文化が結合し、その中でまた新しい文化が生まれた「文化の溶鉱炉」だったと言う。

韓国に戻り、面白い資料を発見した。『海東竹枝』で雪夜炙《ソリャジョク》という料理をこのように説明している。「開城府の名物として牛のカルビ肉や心臓を油を使ったり燻製したりしてから焼き、半分ほど火が通ったら冷水に浸し、再度強い炭火で焼く。雪の降る冬の夜のつまみにぴったりで、肉がとても柔らかくておいしい」。ところで、雪夜炙と似た料理で「薛炙《ソルジョク》」という料理がある。『韓国語大辞典』には「薛炙という料理は松都薛氏《ソンドソルシ》が始めたことに由来する言葉で、牛肉や牛の内臓を串に刺して焼いた料理」と解説されている。薛炙を作る方法が雪夜炙や雪夜覓(あるいは雪夜覓炙)と同じで、名称が違うだけで同じ料理である可能性が高いというのが料理学者の説明だ。では薛炙を初めて作ったという松都薛氏とは誰だろうか？　残念ながら松都薛氏に関する記録はないそうだ。ただ、慶《キョン》州偰氏《ジュソルシ》の始祖がウイグル人だということはすでに学会でも認められた事実であり、慶州薛氏の始祖は元の時に高い官職に就いた偰文質《ソルムンジル》だったそうである。彼の孫の偰遜《ソルソン》が[1]紅巾の乱を避けて1358年([2]恭愍王《コンミンワン》7年)に高麗に帰化し、彼の末裔が高麗末はもちろん朝鮮初めにも高い官職に就いたと知られている。高麗末、高麗の首都だった開城には貴族から商人、庶民に至るまで数多くの色目人が入ってきたが、その時彼らの食文化も一緒に入ってきたということだ。ムス

飲食文化とは、発展と変化を続けるものだ。他の文化と融合し、また変化と同時に伝統を守っていくものだ

リム固有のパンである霜花《サンファ》と薛炙が代表的な例だ。

そういえば、牛肉や牛の内臓を串に刺して焼く薛炙は中東やトルコの代表料理「ケバブ」と酷似していないか。いろいろな料理学者の推測通りプルコギの始祖格である雪夜覓がムスリム文化の影響を受けた料理なら、韓国のプルコギもまた異民族の影響を受けて誕生したものだ。しかし、ケバブとプルコギのルーツが同じだとしても、今日プルコギは韓国を代表する料理であり、ケバブは中東を代表する料理となった。どこの誰もプルコギとケバブが同じ料理だとは思わない。料理というのは、交流を通じて進化して新しく誕生するものであり、その過程で料理を調理して食べる人たちの文化が加えられるのだ。そのため、プルコギの誕生がどうであれ、プルコギが韓国の料理であることは間違いない。プルコギの中に詰まった古い歴史を振り返ってみたら、チョ・ヨングァン教授の言葉が思い浮かぶ。「料理とは単純に口と目を楽しませてくれるものではない。それ以上の意味を持っているものだ」。

1　紅巾の乱…中国元末期の1351年（至正11年）に起こった宗教的農民反乱
2　恭愍王…第31代の高麗王であり、忠粛王の子

スーププルコギ

1　ソウル式、平壌式プルコギ

牛肉を薄く切っていろいろな味付けをした後、スープを鉄板の縁に注き、味付けした肉を中央に乗せて食べるプルコギだ。
肉と一緒にさまざまな野菜やきのこ、唐麺をスープに入れて火を通して食べるのが特徴だ。
果汁をたくさん入れるので他の地域のプルコギに比べて甘い。

その他のプルコギ

1　ノビアニ

牛肉のロースやヒレを薄く切り、
しょうゆ、蜂蜜、砂糖、ごま油、ごま塩、刻んだネギ、ニンニク、コショウで味付けした後、焼き網で焼く。
焼いた肉の上に松の実の粉末を振り、飾りを乗せる。宮中プルコギとして知られているノビアニは
ノブッノブッ（ぺらぺらを意味する韓国語）と切って食べる肉ということでノビアニと呼ぶ。

2　房子《バンジャ》クイ

肉に塩だけを振って焼いて食べることを房子クイと言う。味付けの味を楽しむのではなく、肉自体の味と香りを楽しむのだ。
味付けの代わりに白髪ネギやサンチュの浅漬けを添えて食べもする。もともと「房子」とは、官庁で働く召使いを指す言葉だ。
朝鮮王朝時代、召使いが主人を待つ間に外で肉を一片もらって即席で焼いて食べたというので房子クイという名前が付けられた。

3　チュムルロク

牛肉に塩、ごま油、コショウと刻んだニンニクで、即席で味付けして焼いて食べる肉を意味する。
ある食堂のおばあさんがあらかじめ味付けをして寝かしておいた牛肉が切れると、
急いで余り肉を手でチュムルロ（「手で揉み」という意味の韓国語）、
肉をちぎって、即席で客に出したことに由来しているそうだ。

地域ごとに違うプルコギの味

網焼きプルコギ

1　彦陽《オニャン》プルコギ

牛肉は太めの細切りにしていろいろな味付けをして寝かせておく。

あらかじめ熱しておいた焼き網に水を付けた韓紙を敷いてその上に味付けした肉を乗せて焼いて食べる方式だ。

彦陽プルコギの最も大きな特徴は肉にある。屠殺して1日経っていない幼い雌牛のみを使い、肉自体の味を生かすために味付けをあまりしない。または、塩で味を付けた生肉を堅炭で焼いて大根で包んで食べもする。

日本統治時代から屠殺場があった慶尚南道彦陽で好んで食べられてきたプルコギで、１９６０年代に高速道路を建設する時に、各地から労働者が集まり、その労働者によって肉の味が広がり始めて彦陽プルコギが有名になった。

彦陽プルコギは彦陽式と鳳渓《ポンゲ》式に分けられるが、鳳渓式は炭火で焼く時に塩を振って食べるのが特徴だ。

2　光陽《クァンヤン》プルコギ

光陽プルコギは朝鮮王朝時代に光陽に帰郷した士人が、子どもたちを教育した代価として、村の人が牛をつぶしてもてなしたことに由来しているそうだ。

幼い子牛や雌牛の肉を使い、肉を薄く切ってしょうゆ、砂糖、梨汁などで味付けした後、焼き網で焼いて食べる。

さらに、他のプルコギのようにあらかじめ味付けして寝かしておくのではなく食べる直前に味付けをして堅炭で焼いて食べる。

昔から光陽地域は炭が有名だった。

品質がいい炭のおかげで肉が焼けると奥深い炭火の香りが肉の風味を増してくれる。

日本人の焼き肉、韓国人のプルコギ

先日、デパートの食料品売り場で料理専門家が作った「日本式焼き肉」の味付け、すなわち「焼き肉のたれ」を売るのを見た。新しいものを見ると味を確かめなければ気が済まないので、１瓶買って店員の教え通りに調理してみた。韓国のプルコギとも似ているが、そこまで深く濃い味ではなく、あっさりとしている。

実は、「焼き肉」という言葉自体がプルコギを直訳した日本語だ。「プル」が「火で焼く」、「コギ」が「肉」という意味である。江南に行くと、時々日本風の焼き肉屋が目に付く。その上、デパートで日本式焼き肉のたれを手に入れるのも難しいことではない。

今では焼き肉は日本を代表する肉料理の一つになった。日本にはなんと３万軒近くの焼き肉専門店がある。日本で最も有名な焼き肉の街は大阪の鶴橋だ。鶴橋に入ると、２軒に１軒は焼き肉屋にあたる。おいしい[1]タッカルビを食べるために春川に行き、[2]トッカルビを求めて潭陽に行くように、日本人はおいしい焼き肉を食べるために鶴橋に行く。

韓国語と日本語で書かれた看板を見ればわかるように、鶴橋の焼き肉屋のほとんどが在日コリアンが作ったお店だ。テレビでも何度か紹介されているが、日本の焼き肉の始祖は第二次世界大戦以後、在日コリアンが作った「ホルモン焼き」である。戦争直後で食べ物が不足していた当時、貧しかった在日コリアンは在来市場で捨てられる牛や豚の内臓を拾って焼いて食べ始めた。これがホルモン焼きだ。京都橘大学の元教授である吉田氏は、「1960年代に入って日本は敗戦の傷に耐え、高度成長をすることになる。その頃から家庭で肉を食べ始めたが、当時在日コリアンがホルモン焼き屋をたくさん開き、そこに行けば安

韓国の焼き物文化から始まった焼き肉、日本人が好んで食べる肉料理の一つだ

い値段で肉をたくさん食べられた。その上、ホルモンは体にいいという認識があり、より人気になった」と、ホルモン焼きが日本社会に定着することになった背景を話す。そのようにして根を下ろすことになったホルモン焼きが、後日焼き肉の形に発展したというのだ。

以前、日本に行った時にスーパーに入ると、そのスーパーのある1区画がすべて焼き肉のたれのコーナーだった。その種類の多さに驚いて通訳の方に聞いたら、焼き肉のたれは日本で最もよく売れる液体調味料の一つだそうだ。ホルモン焼きが日本社会に知られ始めてから半世紀で、焼き肉は日本人が好んで食べる代表的な肉料理になったというわけだ。

焼き肉が韓国の焼き物文化から始まったとはいえ、日本の焼き肉は韓国のプルコギとは多少違いがある。味付けをしてから焼いて食べる韓国式プルコギとは違い、日本の焼き肉は焼いた後にたれに付けて食べる。異民族の料理に自分たちの食文化を加えて新しい料理を作り出すことに卓越した才能を持っている民族が日本人だ。小学校の頃だったか、特別な日には両親の手を握って訪れた洋食屋があった。メニューはハンバーグ、とんかつ、フィッシュフライ、ビーフカツだけだった。私はいつもキャベツサラダと一緒に慎ましやかに皿に盛られたハンバーグを注文した。片方の手にナイフを、もう片方の手にはフォークを持ってぎこちないナイフさばきで肉を切った後、一切れフォークに刺して、すっと口に入れる瞬間は、まるで私が童話の中の小公女にでもなったような気分だった。私の幼い頃の思い出の中の洋食もまた、日本人が作り出した西洋料理だったと思う。韓国の焼き物文化が日本社会に伝わって半世紀、いつの間にか焼き肉も日本の食文化の一つとなったのだ。

日本の京都にある会席専門店がその代表的な例だ。会席料理とも呼ばれる

料理は、江戸時代から伝わる宴会料理で、普通一汁三菜、一汁五菜、二汁七菜で作られる。汁は汁物、菜はおかずを指す言葉である。会席料理はもともと魚や野菜が中心で、材料や調理法、味が重複しないようにおかずが構成されるという特徴がある。だが、最近京都で人気だというその会席専門店は、牛肉で構成されたコース料理を出している。さっと焼いた牛肉を載せた寿司、牛肉のたたき、そして一口大に切ってそれぞれ違うソースを載せた焼き肉などだ。器の上に精巧に盛られた牛肉を見ていたら、これが牛肉なのか、あるいは洋菓子なのか区別できないほどに華麗である。

テーブルもまた一般の会席料理の店とは違う。まるで韓国のプルコギ専門店のように、テーブルの中央に火鉢が設置されていて、その火鉢に炭火を起こして牛肉を１枚ずつ焼いて食べながらその味を吟味する。同じ種類の牛肉を一人前、二人前ずつ焼いて食べる韓国の焼き物文化とはまた違う。皿には、肉の部位別に味付けをしてあるものが、せいぜい３～４切れ乗っているだけだ。部位によってかたかったり柔らかかったりと違いがあって、味付けによってとても甘かったり苦かったり香ばしかったりもする。牛肉だけを利用して多様な味を具現化した日本式焼き肉、まるでいろいろな種類の魚で構成された刺し身の盛り合わせや寿司の盛り合わせを見ているようだ。牛肉を鉄板の上で焼いて食べる焼き肉が本コースのメイン料理であることははっきりしているが、コースを構成している料理の体裁は明らかに日本の会席料理や刺し身、あるいは寿司を連想させる。ハンバーガーに入れて食べた肉のパティをハンバーグステーキとして真しやかに変化させたように、日本に渡った韓国の焼き物文化に日本の色を付けて彼らだけの新しい食文化を作っているのだ。

日本は異民族の料理に彼らだけの色を付けて新しい食文化を作っている

もともと料理というのは時代によって、またそれを調理して食べる人によって変化する。私たちが好んで食べる料理の中にも日本の焼き肉のような生い立

ちを持つ料理がある。例えば、チャムポンやチャジャン麺《ミョン》、部隊《プデ》チゲなどだ。チャムポンはもともと日本の長崎の華僑が売っていた「支那うどん」に由来するそうだ。日本では「ちゃんぽん」と呼ばれていた支那うどんが韓国に渡ってきてチャムポンになったと聞いた。チャジャン麺も同じだ。中国にも「ジャージャー麺」という麺料理があるが、韓国のチャジャン麺とは形が似ているだけで味は全然違う。部隊チゲも戦争直後、米軍部隊から出た副産物を入れて作った料理だ。

これは個人的な意見だが、私はチャムポンもチャジャン麺も部隊チゲも、れっきとした韓国料理だと思う。なぜなら、全世界のどこでも味わえない料理であり、韓国人が好んで食べる料理であり、また韓国人の思い出が秘められた料理だからである。

1　タッカルビ…鶏肉とキャベツなどの野菜を甘辛く炒めて食べる江原道・春州の名物料理
2　トッカルビ…牛カルビ肉を刻んでハンバーグ状にして焼いて食べる全羅南道・潭陽の名物料理

第５章　分かち合いのお膳をこしらえる

ドキュメンタリーの撮影がほぼ終わる頃、京畿道で開かれた異文化交流会に招待された。京畿道驪州《ヨジュ》市に住む他国出身の女性たちによる多文化料理の分かち合いの集まりだ。

会場である[1]旨味堂《チミダン》に入るや、おいしそうなにおいが漂ってくる。台所の扉を開けて中に入ると、料理を作る手を止めてうれしそうに私を迎えてくれた。

お膳の上に並べられた料理はすべて、彼女たちの故郷の料理だそうだ。彼女たちにとっては、故郷は特別に恋しいものだろう。故郷の家族や友達はもちろん、母親の温かい言葉や手作りの料理は、実家が近い私でもやはり恋しく思う。

故郷の味を一緒に分かち合って食べるのも、郷愁をなだめるためだそうだ。韓国料理の中で最も食べ慣れなかった料理は何かと訊いたら、カンボジア出身のスレイソフィさんは一息に「味噌チゲです」と答えた。韓国に嫁いで生まれて初めて食べた味噌チゲを３日間毎日煮るのが、最初は一番辛かったそうだ。しかし、今ではそれなりに味噌チゲの味を楽しめるようになったと笑う。一方、韓国料理の中で一番好きな料理としてほとんどがプルコギを選んだ。「私は味付けに梅エキスを入れます。そうすると肉の生臭いにおいがなくなるんです」と言って誰かがコツを披露すると、皆相づちを打った。

韓国料理に慣れるということは、それだけ韓国の生活に、そして文化になじんだということではないだろうか。私も彼女たちが作った料理を通じて彼女たちとより近づきたかった。いくつかの料理は私にとってもなじみのある料理だが、ほとんどは初めて見る料理だった。先ほどのスレイソフィさんは「ロックラック（コショウとレモンで味付けしたカンボジア式ステーキ）」を、ベトナムから嫁いだユナさんは「生春巻き」を、日本から来たサカイアヤさんは「肉じゃが」を、モンゴルから来たチユンさんは羊の餃子を、中国から来たミョンジャさんは「紅焼肉《ホンシャオロウ》（豚肉をしょうゆベースの味付けで煮た料理）」を、そしてフィリピンから来たジナルリンさんは「アドホ（豚肉か鶏肉をしょうゆ、酢、ニンニク、砂糖、粒コショウを入れてタマネギと一緒に煮た料理）」を準備していらっしゃった。その他にもインドネシアから来たユリサンさんが準備した牛肉の炒め物は、名前は忘れてしまったがココナッツの香りがする独特な味だった。

ほとんどが初めて食べる料理なのに、拒否感を覚える料理はなかった。あるものは韓国料理と似た味がした。私もまた、この集まりのために準備した料理がある。プルコギだ。あらかじめ味付けしておいたプルコギをフライパンで炒めて皿に盛っていたら、他の主婦たちの料理もすべて完成した。そのようにできた料理をすべて一つのテーブルに並べたら、いつの間にかアジア８カ国の料理が１カ所に集まっていた。互いに異なる肌の色を持ち、異なる文化を享受し、異なる言葉を使って生きてきた人たちだが、一つの食卓を囲んで互いの料理を分かち合って食べれば、距離も一層近く感じられる。昨秋、汶湖里で引っ越し祝いのパーティーをした時とはまた違う親近感だ。アジア８カ国のそれぞれ異なる味だが、それなりに調和しているから不思議である。もしかしたら、今日私たちがテーブルの上に並べたものは、単なる料理ではなく「共存」と「混ざること」が作り出したハーモニーではないだろうか。一食のご飯を分かち合うこぢんまりとした集まりだったが、料理を通じて一塊となったこの日の記憶はずっと忘れないだろう。

先日、テレビのニュースで2013年の結婚による移民の数が28万人を超え、2050年には多文化家族の人口が200万人を超えるだろうと伝えていた。その上、韓国に滞留している外国人の数は現在140万人に迫る勢いで、OECD国家の中で外国人居住者が最も速い速度で増えているのが韓国だそうだ。多様な文化が共存する社会が遠くないことを意味する。いや、もしかしたらすでに私たちはそんな社会の中心にいるのかもしれない。

今日私たちが作り出したこれらの料理は「共存」と「混ざること」のハーモニーではなかっただろうか？

異文化交流会で食べた料理はまだ私にとってなじみのない料理だ。だが、遠からずこのなじみのない料理が韓国の食卓に上がる日が来るだろう。そして、

からずこのなじみのない料理が韓国の食卓に上がる日が来るだろう。そして、もしかしたら韓国の料理と混ざり合って新しい韓国の味を作り出すかもしれない。多文化社会という大げさな話を出さなくても、私たちはすでに以前とは違う時代に生きている。1000年前には戦争を通じて、または交易を通じてと、異民族の料理がこの地に渡ってくるのは簡単ではなかったが、今はインターネットのワンクリックで地球の裏側にあるおいしいお店を検索できるのだから。地球はだんだん小さくなり、国家間、民族間の距離はだんだん近づいている。その分、多様な味が交流する社会に私たちは生きているのだ。

チョ・ヨングァン教授はドキュメンタリーの制作スタッフとのインタビューでこんなことをおっしゃった。「とても長い人類の歴史をひっくるめてみても、今のような文化交流はなかった。文化を交流する過程で人は優秀な文化に好感を表し、これを上手に受け入れている。どんな飲食文化でも多元化して融合する流れだ。長期的にはこのような相互作用がより増えるものと思われる」。

チョ・ヨングァン教授の話を聞いていると、一つの疑問が浮かぶ。だとしたら、今私たちが韓国の伝統料理だと信じている料理が遠い未来には解体されて消えることになるのだろうか？

チョ・ヨングァン教授はにこりと笑いながらそういう意味ではないと、こう付け加えた。「中国にはこんな言葉がある。われわれが一番好きな味は母の味だ。母の味とはつまり、伝統だ。韓国人は米が好きだ。イタリア人は麺が好きだ。ある日、韓国人が米を食べずにパスタを食べるだとか、イタリア人がパスタを捨てて米だけ食べるようになるということは想像できない。そんなことは不可能だ。なぜなら習慣だからだ。われわれが小さい時食べた料理、初めて食べた料理は一生忘れられないからだ。そのため、母の味すなわち伝統であり、母の手料理の味を通じて伝統はまた続いていくのだ」。

チョ・ヨングァン教授の言葉はすなわち、料理というものは時代と環境によって新しい味と融合して変化することもあるが、だからといって伝統が完全に消えることはないという意味のようだ。

ソウルのところどころに多国籍料理屋ができ、フュージョン料理という新しいジャンルも登場した。しかし、それらの料理が母の作ってくれたご飯の代わりにはなれないのと同じことだ。新しく生まれる料理と、伝統をつないできた料理が共存して発展していくこと。それが食文化だ。

1　旨味堂…韓国の食文化を体験できる施設の名前

疎通と和合の晩餐

第1章

一つ目の晩餐、韓国料理不毛の地フィレンツェに行く

秋夕《チュソク》の連休を数日前にして、私はイタリアのフィレンツェに旅立った。遡ること2カ月前、グッチ(GUCCI)からイタリア初の韓国料理の晩餐を提案されたためだ。

グッチとの縁は1年ほど前に、グッチコリアが後援してきた韓国ナショナルトラスト(Nationaltrust、自然と文化遺産の保存活動をする団体)の「私の愛 文化遺産キャンペーン」広報大使を引き受けてほしいという要請が来てからである。

韓国の文化遺産について関心を持つようになったのは「チャングムの誓い」の時からだが、正直に言えば、広報大使という職責を引き受けると決心したのは二人の子の母になったことが大きい。子どもが生まれると、世界を見る目が変わるとは誰が言った言葉だろうか。私もまた母になって子どもたちに伝える文化と伝統に対する一種の責任感が生まれたようだ。ドキュメンタリーのおかげで韓国料理に熱中していた頃、グッチ側から私に文化遺産保存キャンペーンの一環としてイタリアでの韓国料理の晩餐をしないかと提案された時、これは必然だと思った。だから二つ返事で晩餐の提案を受け入れた。

だが、実際にフィレンツェに行く日が近づいてくると、不安ばかりだった。イタリア人の前に出るには、まだ韓国料理に対する私の知識が少ないと思ったからだ。だが、どうして一日は矢の如く過ぎてしまうのか。いつの間にか私はフィレンツェ行きの飛行機に乗っていた。

イギリスの小説家エドワード・モーガン・フォスターは『眺めのいい部屋(原題:A Room With A View)』でフィレンツェをこのように描写した。「フィレンツェで目覚める日、陽が射し込む客室で目を覚ますことは愉快だった」。あの天才小説家の言葉に100回共感することになる。窓を開けると朝日を受けて銀色の波が立つアルノ川のほとりが目に入り、その川の上にはダンテとベアトリーチェが運命を変えたヴェッキオ橋が見える。遥か遠くから聞こえてくる鐘の音に従って顔を向けると、江國香織の小説『冷静と情熱のあいだ』で恋人との約束の場所だったドゥオーモ大聖堂(フィレンツェの象徴のような聖堂。正式名称はサンタ・マリア・デル・フィオーレ大聖堂)が目に入ってくる。フィレンツェは天井のない博物館だと言った誰かの言葉のように、都市全体が遺跡であり芸術品だ。趣のあるフィレンツェの路地をぶらつけば、中世で迷子になったような錯覚すら起こす。

フィレンツェに来るのは初めてではない。サハラ砂漠で映画『[1]インシャラ(1997)』の撮影を終えた後、友達とたった二人でイタリアにバックパック旅行に来た。その時も今もフィレンツェは何も変わらない。もっとも、数百年を同じ姿で生きてきたフィレンツェにおいては、15年という歳月は大きな意味を持たないのだろう。だが、15年前と今の私は立場が変わった。あの時はリュックを背負った旅行者としてここに来たが、今回は韓国料理と文化を伝える伝道師としてここに来たのだ。

フィレンツェには韓国料理のレストランがただの一つもないそうだ。ホテルの職員に尋ねると、中華料理や日本料理はあるが、韓国料理の店は聞いたことがないとのこと。ここに住む韓国人の話では、日本料理の店で焼き肉を出していて、その焼き肉にサンチュと[2]サムジャンを添えて出すらしい。それがフィレンツェで味わうことができる唯一の韓国料理ということだった。

その話を聞いて、心配がむくむくと膨れあがってくる。フィレンツェの人にとって韓国料理とは、私にとってタンザニアやドミニカ共和国の料理と同じくらいなじみがないということだ。その上、フィレンツェはイタリアの芸術の都と呼ばれる都市。料理も芸術の一分野とみなすヨーロッパで、フィレンツェの人たちの気難しい好みを満足させることができるかとても怖くなった。

ところで、私より5日も早くここフィレンツェに到着して晩餐を準備している人たちがいる。又松《ウソン》大学伝統調理学科の教授と学生だ。学生の中で最も実力のある人だけを選抜し、2カ月間、この晩餐を準備してきたそうだ。5人の学生を率いるボスはキム・ヘヨン教授とパク・チニ教授。お二人は外国人を対象にした晩餐を数多く手掛けてきたベテランだ。それにもかかわらず今回はメニューの選定だけに1カ月以上を費やし、メニューが決まった後も調理法を変えて数回の試演を行うほど特別に気を遣ったという。この晩餐を通じて韓国料

15年前と今の私は立場が変わった。今回は韓国料理と文化を伝える伝道師としてここに来た

理に対する第一印象が決まってしまうというプレッシャーからだそうだ。

若いシェフたちと教授のために私ができることは何もなかった。激励の言葉では何か足りないと思った。韓国を出発する前、彼らのために何をしようか悩んでいた時、慣れないフィレンツェで数日を過ごしたら韓国料理が恋しくなるかもしれないと思った。しかし、伝統料理を勉強している専門家ではない。ややもすれば知ったかぶりをすることになるかもしれない。どんな料理を作ろうか悩んだ末に選んだメニューはトッポッキだった。トッポッキは目をつぶっていても作れるくらい自信がある。それに、若い彼らならトッポッキを喜んでくれるのではないかと思った。

彼らにトッポッキを作ってあげたいと言ったら、皆驚き、「チャングムのトッポッキ」に期待が高まるのを感じた。急にプレッシャーが押し寄せる。ひとまず宿の厨房を借りてトッポッキに入れる煮干しの出汁を取り始めた。だが、厨房に慣れないせいか、あるいは専門家の前で緊張したせいか、テンポが乱れる。梅エキスは家に置いてきて手元にないし、あらかじめ水に入れてふやかしておいたトックは柔らかくなりすぎ、ラーメンの替え玉を入れるタイミングを逃し……。このようにドタバタの末についにトッポッキが完成した。

トッポッキを出して、慎重に彼らの反応をうかがう。幸い、一瞬のうちに器が空になった。ただのトッポッキだが、若いシェフたちを応援する私の真心が少しでも伝わったらという思いだった。

晩餐で披露する料理は6種のコースで構成された計25種類の料理だ。見ただけでうっとりしてしまうほど繊細で美しい。もちろん味も素晴らしい。韓国固有の味を守りながらも、視覚的な効果を極大化している。おそらくフィレンツェの人の芸術的な感性に配慮したのではないかと思う。

学生の助けを受けて自分で[3]肉脯茶食《ユッポタシク》を作ってみたが、茶食一つにも尋常じゃ

なく手間がかかる。干した肉脯と松の実を細かく挽いて、茶食型に松の実の粉と肉脯の粉末を順に入れ、これを、力一杯押してやっと１個の肉脯茶食が完成する。松の実の粉と肉脯の粉末の比率が少し違うだけでも形が乱れるそうだ。肉脯茶食はもちろん、おかずとして出されるキムチ一つ、[4]チャンアチ一つまで自分たちで漬けたと聞き、韓国からしっかり準備をしてきたことが改めて伺われた。

晩餐を準備する過程を一つひとつ見守ることはできなかったが、節々にまめができた学生の手からこれまでの労苦が伝わってきた。教授と彼らの情熱が込められた料理を見て、晩餐に対する私の心配は杞憂だったと思った。教授と学生たちの努力が無駄にならないようにホストとして最善を尽くすこと、それが私に与えられた役目だということを今更のように自らに言い聞かせた。

1　インシャラ…イ・ヨンエの映画デビュー作
2　サムジャン…味噌にごま油、砂糖、ニンニク、ごまなどを加えた甘辛い薬味味噌
3　肉脯茶食…肉脯(P126注参照)を細かく刻み、茶食型と呼ばれる木の型に詰めて型取ったもの
4　チャンアチ…大根やニンニクなどをしょうゆや味噌、酢などに長期間漬けた保存食
5　プリポムボク…蒸したカボチャ等の根菜類を潰し、草の根を混ぜたサラダのようなもの
6　越果菜…韓国ズッキーニ、牛肉、しいたけなどをそれぞれ千切りにし、和えたもの
7　カンジョン…おこし
8　コッカムサム…干し柿の中にクルミを詰めたもの
9　五味子花菜…さまざまなフルーツを伝統茶に浮かべたフルーツポンチのようなものを花菜といい、五味子花菜は五味子茶にフルーツを浮かべたもの

フィレンツェの晩餐のコース料理

食前の健康料理	肉脯茶食、朝鮮人参のムース、各種干したチップス(サツマイモ、レンコン、ナツメ)
おかゆ	黒豆のおかゆ、キャベツとエゴマの葉のおかゆ
冷たい前菜	海老と松の実のソースの和え物、生朝鮮人参の和え物と片肉、[5]プリポムボク
温かい前菜	鶏とニンニクの串焼き、[6]越果菜《ウォルガチェ》、緑豆のジョン
メイン＆食事	カルビチム、蓮の葉の包みご飯、白菜のキムチ、チャンアチの盛り合わせ(つる人参のコチュジャンチャンアチ、梅のしょうゆチャンアチ、山椒のチャンアチ)、正果(トラジ、ニンジン、レンコン)
デザート	[7]カンジョン、[8]コッカムサム、[9]五味子花菜《オミジャファチェ》

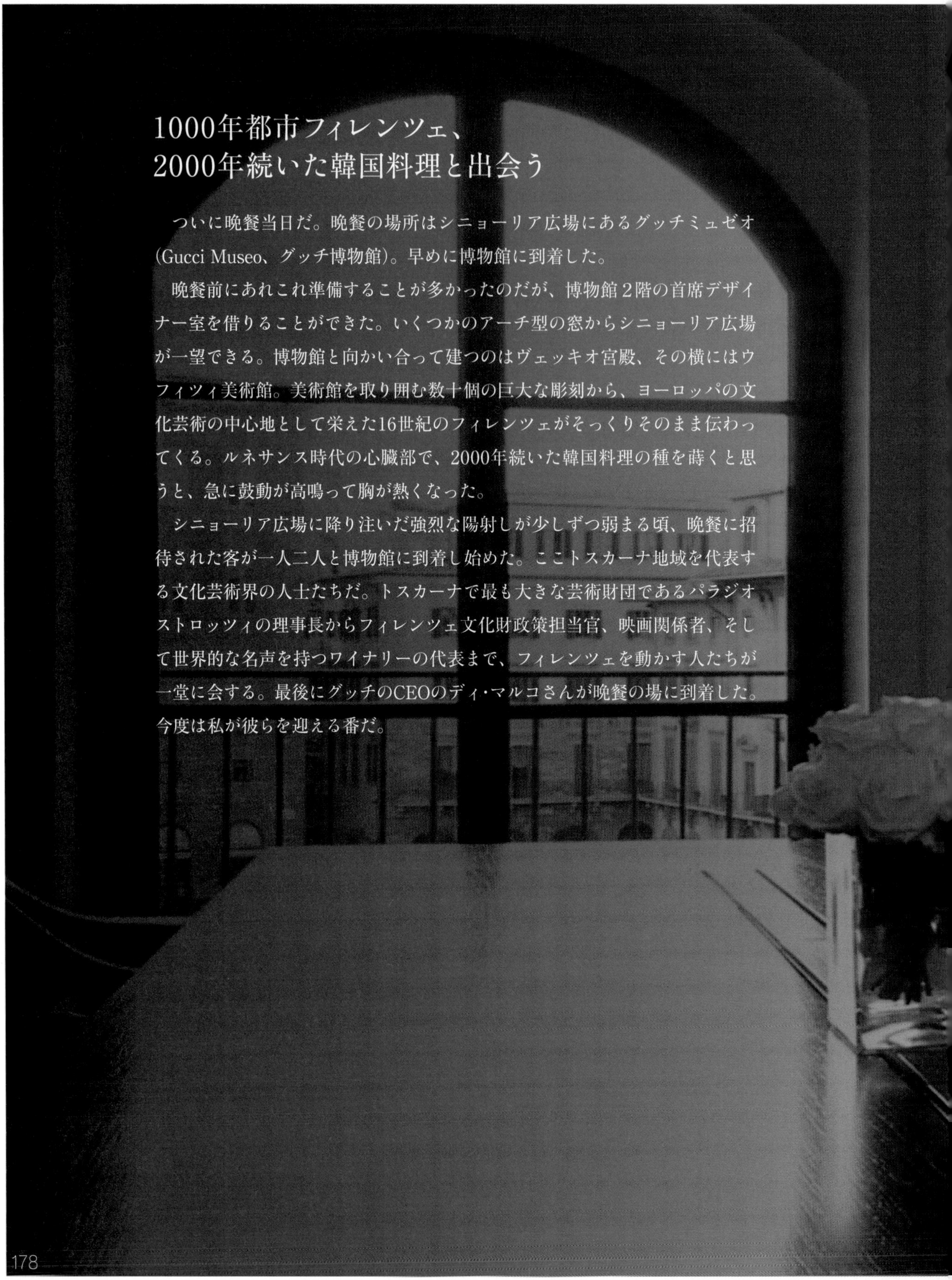

1000年都市フィレンツェ、
2000年続いた韓国料理と出会う

ついに晩餐当日だ。晩餐の場所はシニョーリア広場にあるグッチミュゼオ(Gucci Museo、グッチ博物館)。早めに博物館に到着した。

晩餐前にあれこれ準備することが多かったのだが、博物館2階の首席デザイナー室を借りることができた。いくつかのアーチ型の窓からシニョーリア広場が一望できる。博物館と向かい合って建つのはヴェッキオ宮殿、その横にはウフィツィ美術館。美術館を取り囲む数十個の巨大な彫刻から、ヨーロッパの文化芸術の中心地として栄えた16世紀のフィレンツェがそっくりそのまま伝わってくる。ルネサンス時代の心臓部で、2000年続いた韓国料理の種を蒔くと思うと、急に鼓動が高鳴って胸が熱くなった。

シニョーリア広場に降り注いだ強烈な陽射しが少しずつ弱まる頃、晩餐に招待された客が一人二人と博物館に到着し始めた。ここトスカーナ地域を代表する文化芸術界の人士たちだ。トスカーナで最も大きな芸術財団であるパラジオストロッツィの理事長からフィレンツェ文化財政策担当官、映画関係者、そして世界的な名声を持つワイナリーの代表まで、フィレンツェを動かす人たちが一堂に会する。最後にグッチのCEOのディ・マルコさんが晩餐の場に到着した。今度は私が彼らを迎える番だ。

私はこういう場を楽しめたことがない。女優としてデビューして以来、数多くの映画祭や授賞式に参加したが、舞台は私にとってまだ慣れない場所だ。人がたくさんいる場所に行くと、いつも手足がしびれるくらい緊張してしまう。ましてやホストになって、なじみのない場所で面識もない人たちに会うと思うと、つま先から徐々にしびれ始め、たちまち体全体が固まるような感覚が襲った。その瞬間、私と一緒にこの場に来ている若いシェフたちと教授の顔を思い浮かべた。私がしっかりしなければ、彼らのこれまでの努力がすべて水の泡になってしまう！　そうやって気を引き締めてレセプションの会場に下りていったが、実はこの時、緊張しすぎたせいでレセプションの会場に入る瞬間、足を踏み外して転びそうになった。幸いすぐにバランスを取れたからよかったが、そこでハイヒールを履いたままで転んでいたら……？　今考えても血の気が引く。

晩餐を始めるのに先立ち、私は韓国人にとってご飯が与える特別な意味について話をした。

「韓国人は悲しい時も、うれしい時も、そして誰かと和解を試みる時もご飯を一緒に食べます。韓国人にとってご飯は互いの気持ちを交流させて情を分かち合うことです。私は今日の晩餐を通じて皆さんと心を分かち合い、韓国の文化を一緒に分かち合いたいです。さらに、今日の晩餐を通じて韓国とイタリア、互いを理解してより近づくきっかけになるよう願います」。

あいさつを終えて席に座ると、又松大学の学生と教授が長い時間をかけて準備した料理が出された。まるで受験生になって面接官の前に立っている気分だ。晩餐に招待された客のほとんどが韓国料理に初めて接すると聞いていたので、なじみのない料理に対して彼らがどんな反応を示すか、神経がとがった。

まず、ある男性が慎重に一口食べてみて首をかしげる。微妙なのか？　口に合わないのか？　どうしよう……？　あらゆる不安がよぎる。そうしていたら、メニューを手に持って材料を確認するのだ。そして、何か怪訝な顔つきで隣の人としばらくのあいだ言葉を交わす。イタリア語がわからなくて、より焦燥感を感じたその瞬間、隣の席に座っていたディ・マルコさんが私においしいという表情を浮かべて見せる。ようやく少し安心できた。

最初のコースを食べている時までは、どの顔も「これは何だ？　独特だな？」という表情をしていたが、晩餐が進むにつれて「悪くない。おいしいよ」とその表情が和らいでいくのを感じられた。この時を逃すまいと、私は韓国料理に込められた意味を落ち着いて説明し始めた。韓国料理は五つの色の材料を主に使うが、これが五方色《オバンセク》（青、赤、黄、白、黒の五つの色）であり、この五つの色には宇宙万物の秩序と調和の意味が込められているということも伝えた。「チャングムの誓い」の時の記憶をたぐってこの五つの色に該当する人間の臓器が何であるかを説明し、また、料理を通じて体を治してきた韓国の祖先たちの「食薬同源（食べる物と薬の根源は同じ）」の哲学も説明した。

そのように和気あいあいとした雰囲気の中でイタリア初の韓国料理の晩餐は幕を下ろした。晩餐が終わった後、フィレンツェのポーロ美術館長のクリスティーナ・アチディリーさんはすべての料理が素晴らしいと褒め、特に韓国の肉の味付けとチャンアチをとても気に入ったとおっしゃり、料理名を一つひとつ聞いてきた。さらに、ストロッチーナ現代芸術センターで展示ディレクターとして働くリカルド・ラミさんはカルビチムとワインの組み合わせが幻想的だったとして、独特な風味の韓国料理を味わう機会をくれてありがとうという言葉を伝えてきた。フィレンツェの韓国料理の晩餐を企画したグッチCEOのディ・マルコさんは「料理は文化の一部分であり、芸術の一部だと思います。そういう面で今日の韓国料理とグッチミュゼオの出会いは特別な意味があると思います。今日はこの場に集まった人だけが韓国料理を味わいましたが、今後より多くのイタリア人が韓国を知り、また韓国料理を楽しめるようになるよう願います」という言葉を掛けてくれ、その言葉を聞いてようやく私は肩の荷が下りた。

TASCHEN
I CAPOLAVORI
DEL CINEMA DEGLI
ANNI '90
PEDRO
ALMODÓVAR

MODA

こうして私は、与えられた最初の晩餐の課題を無事にやり遂げた。しかし、私がした役割はわずかだった。ただホストの役割をしただけで、フィレンツェの晩餐の本当の主役は私ではなく今日の晩餐を準備した若いシェフたちと教授だ。晩餐が行われている間、厨房で戦争のような２時間を過ごしたであろう若いシェフたちは、晩餐が終わった後に降り注がれた拍手の洗礼がまだ信じられない様子だ。「実際に晩餐を終えてみると、もっとうまくできたのにと、ただただ悔しい思いだ」というファン・ソンジンさんの目には、うっすらと涙が浮かんでいた。２時間という短い晩餐のために２カ月間休まず走ってきた彼らに「本当によくやってくれました。これからが始まりです」という言葉を掛け、肩をたたきながら慰労した。

そうだ。ようやく始まりだ。今日私たちは韓国料理不毛の地にやっと一粒の種を蒔いたのだ。これから、この種が立派に育つように手入れして育てていくのはこの若いシェフたちの役目だ。もし私が役に立つのなら、そして私を必要としてくれるのなら、今後もいつでも手伝いたい。そして、いつかフィレンツェを再び訪れた日、韓国料理の店で韓国料理を楽しむフィレンツェの人に会いたい。

韓国料理の基本となる五方色

韓国の伝統色彩である五方色は、韓国人の暮らしのところどころに染み込んでいる。トルチャンチや名節の時に子どもに着せる[1]セットンチョゴリにも、宮中や寺の[2]丹青《ダンチョン》にも、両班の家の女性が作った風呂敷にも、五方色は間違いなく登場する。料理も同じだ。五方色の食材を使い、そうできない時でも完成した料理の上に五方色の[3]コミョンを載せて出した。韓国人の衣食住すべてに五方色が入る理由は、五方色が宇宙万物の秩序と調和を象徴していると信じられてきたからである。

韓国人が使った五方色のコミョン

1 青色：青唐辛子、ネギ、未熟のカボチャ、春菊、セリ、ヨモギ、トウキ、ギンナン
2 赤色：赤唐辛子、糸唐辛子、ナツメ、ニンジン、五味子
3 黄色：卵の黄身だけで作った錦糸卵、クチナシの実、きな粉
4 白色：卵の白身だけで作った錦糸卵、大根、梨、生朝鮮人参、ニンニク、松の実、栗
5 黒色：イワタケ、きくらげ、シイタケ、黒ごま、のり

五方色に込められた意味

1 青色：万物を生成する春の色・お化けを退けて福を祈る色
季節―春・方位―東・五行―木・五臓―肝臓・五官―目・味―酸味
2 赤色：創造、情熱、愛情、積極性を意味する色　季節―夏・方位―南・五行―火・五臓―脾臓・五官―舌・味―苦味
3 黄色：宇宙の中心を意味する最も高貴な色　季節―四季・方位―中央・五行―土・五臓―心臓・五官―体・味―甘味
4 白色：潔白と真実、人生と純潔を意味する。そのため、昔から韓国人は白い服を好んで来た。
季節―秋・方位―西・五行―金・五臓―肺・五官―鼻・味―辛い味
5 黒色：人間の知恵を司る色　季節―冬・方位―北・五行―水・五臓―腎臓・五官―耳・味―塩辛い味

1　セットンチョゴリ…袖部分がカラフルに五方色で彩られているチョゴリ（韓国の伝統服）
2　丹青…韓国の古い木造の建物に描かれた、五方色の鮮やかな文様のこと
3　コミョン…料理の仕上げに乗せる飾り付けのこと

第2章　二つ目の晩餐、短くも長かった待機

韓国料理のルーツを探す旅に出て6カ月、季節が二つ過ぎ、気付けば三つ目の季節が近付いてきていた。色とりどりに着飾った街路樹が、そのきれいな服を一つひとつ脱ぎ捨てていくと思ったら、あっという間に丸裸になっていた。

その頃私は本格的な晩餐の準備にかかった。この晩餐はドキュメンタリーを始める時から計画されたものだったが、しかし、私は料理研究家でも有名シェフでもない。ただ「チャングム」というイメージ一つに頼って、私の名前を掲げた晩餐をするという事実に、最初はあまり気乗りはしなかった。それでも韓国料理についての知識がきちんきちんと積もっていくにつれて、少しずつ自信がつき始めた。そして、晩餐で解かなければいけない話が何か、おぼろげに輪郭が見えてきた。

はじめは韓国の味を披露する晩餐であれば当然、韓国料理の神髄である宮中料理を披露しなければいけないと思っていた。去る夏にハン・ボンニョ先生を訪ねて宮中料理を学び始めたのもそういう理由からだった。だが、宮中料理から両班の家の料理までたくさんの書物を読む間、「韓国の味」よりも「韓国の味の中に込められた韓国人の情緒」を見せたいと思うようになった。制作スタッフと数回会議をした末に、晩餐のテーマを「疎通」と決めた。階層の区分なく料理で疎通してきた韓国人の話を晩餐で解くことが、彼らと私の共通した思いだった。

テーマは決まった！　次は誰を招待するかが問題だ。実はこの6カ月間、会う人会う人をつかまえては話をしてきた。

「朝鮮王朝時代の王が食膳を通じて民と喜怒哀楽を分かち合ったということをご存じですか？」

「今私たちが食べているピンデトックは宮中で食べていた餅子という料理だったそうです」

「朝鮮の民族はもともと食べ物で疎通して交流してきた民族でした」

D-01

まるで韓国料理の広報大使にでもなったかのように、口が乾くくらい韓国料理に関する話を聞かせた。私がこんなに勉強したということを誇示したいからでもなく、韓国料理を広報しなければという使命感のためでもなかった。ただ、料理を通じて疎通してきたわが祖先の人生が誇らしく、韓国料理に対する自負心が湧き上がったからだ。わが祖先はこんなに素晴らしかったのだと、一人でも多くの人に知ってほしかった。

そして、実はこの話を一番聞かせたいのは知人や友達ではないく、韓国についてよく知らない、韓国の文化になじみのない外国人だった。食べ物という最も普遍的で気楽な媒体を通して、韓国人はこういう民族だと話したかったのだ。だから韓国と海外の架け橋の役割をしてくれる名士を晩餐に招待することに決めた。晩餐を通じて、韓国料理の中に込められた人々の暮らしを伝えた時、その種をより広く伝えてくれる人だと考えた。

晩餐に関する記事が出ると、マスコミは私に「韓国料理伝道師イ・ヨンエ」、「文化外交の先頭に立つイ・ヨンエ」という称号を付けた。おかげでインターネット上では、もしかしてイ・ヨンエは政治家にでもなろうとしているのではと、誤解を招きもした。もちろん、「韓国料理世界化」だとか「韓国料理を通じた文化外交」だとかいう壮大な計画を持ってドキュメンタリーを始めたのではない。ただ子どもたちに韓国の食卓に上がる料理に関する話を聞かせたいという、そして子どもたちがもう少し大きくなった時に一緒に見ながら韓国の食文化の歴史を感じられる一編の良質なドキュメンタリーを作りたいという私的な気持ちから出発したものだ。だが、知れば知るほど、韓国料理に込められた先賢の思いに感銘を受け、私の人生は少しずつ変わり始めた。20年ものあいだ女優として生活をしてきて周りを見る暇すらなかった私が、だから不本意ながら神秘主義の代名詞のように思われてきた私が、隣人を呼んで引っ越し祝いのパーティーまでしたではないか。そんな、たった一度のパーティーで大げさだと思うかも

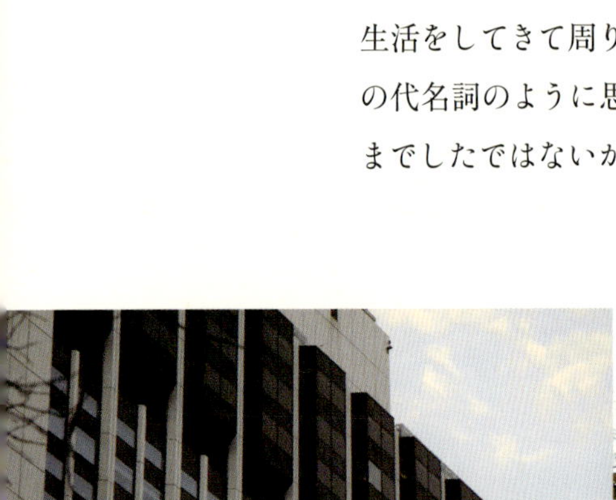
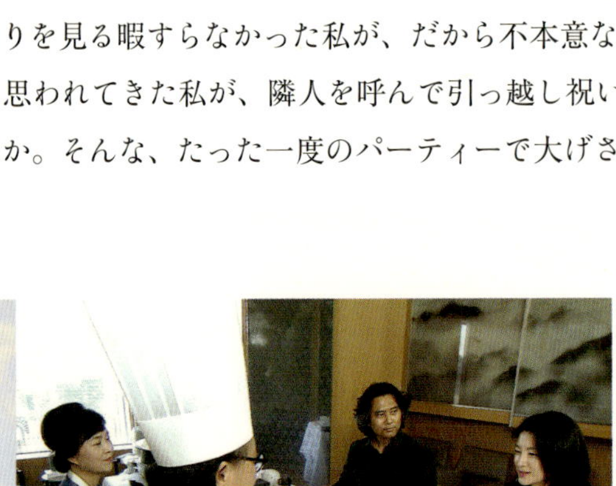
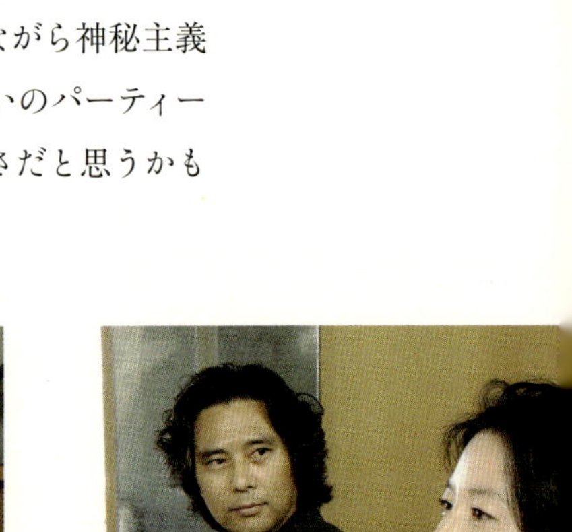

しれないが、私にとっては女優イ・ヨンエという壁を壊して人間対人間、隣人対隣人として近付けるきっかけとなった場だった。そのように私自身を変化させた韓国料理の話をより多くの人に聞かせたかった。韓国はもちろん、全世界の人に韓国料理に込められた韓国人の温かい情を伝えたかった。

そのようにしてテーマとゲストが一瀉千里に決まり、本格的な交渉に入った。各国大使夫婦から経済、文化、芸術界、学会はもちろん国際NGOまで最大限、多様な分野の方を招待したかった。制作スタッフはもちろん私の人脈も総動員した。その上、私の真心が伝わるように一人ひとりに招待状を発送した。しかし、とりわけ各分野を代表する方々なので、簡単には招待に応じてくれないだろうと思っていた。招待状を送って電話をかけた後も最後まで安心できなかった。だが、招待状を発送して１週間ほど過ぎた頃、一人、また一人と連絡が来始めた。招待状を受け取ったほとんどの人が晩餐にとても強い関心を示してくださった。

予想外のいい反応だった。もちろん、やむを得ない事情や日程上の理由で招待に応じられない方もいらっしゃったが、何人かの方は日程を調整してまで参加すると返事をくださった。特に、翌日に海外での演奏が入っているのに最終リハーサルを終えたらすぐ来るとおっしゃったチェリスト、チョン・ミョンファ先生の返事は感動そのものだった。その方々の誠意に応えるためにも素晴らしい晩餐になるように最善を尽くすと繰り返し誓った。

料理の一つひとつに「疎通」の意味を込めたかったし、テーブルセッティングもまた既存の晩餐とは違う韓国人の趣を強調したかった。彼らがわざわざ出向いてくれることに応えるためにも、長く記憶に残る晩餐を作りたかった。準備が進むほど思いはつのり、欲は大きくなるが、これらすべてを一人でやり遂げるには私の能力は足りなかった。そして考えた末、手伝ってくださる専門家を探すことにした。

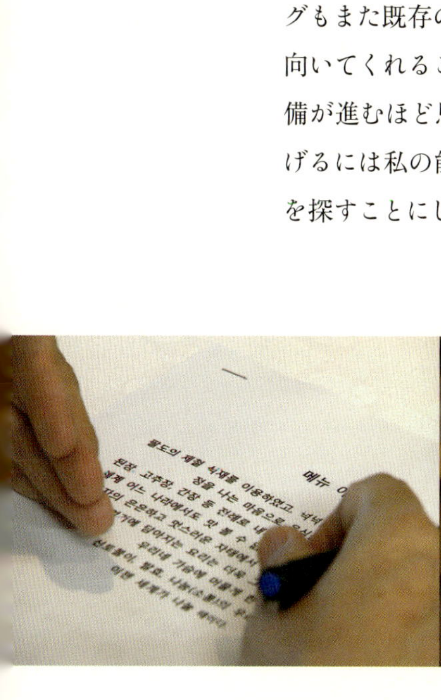
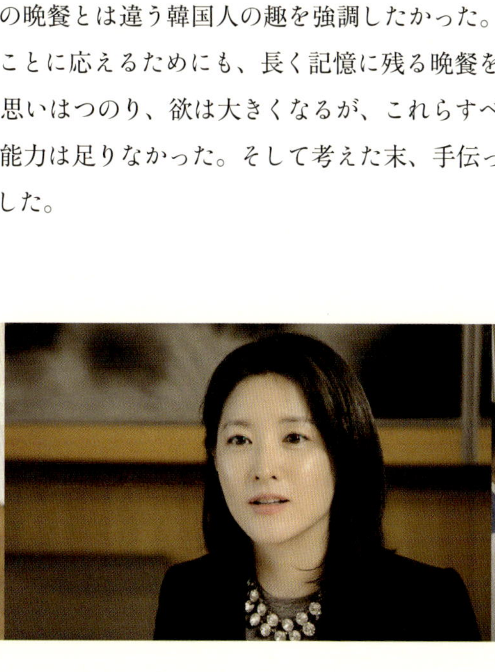
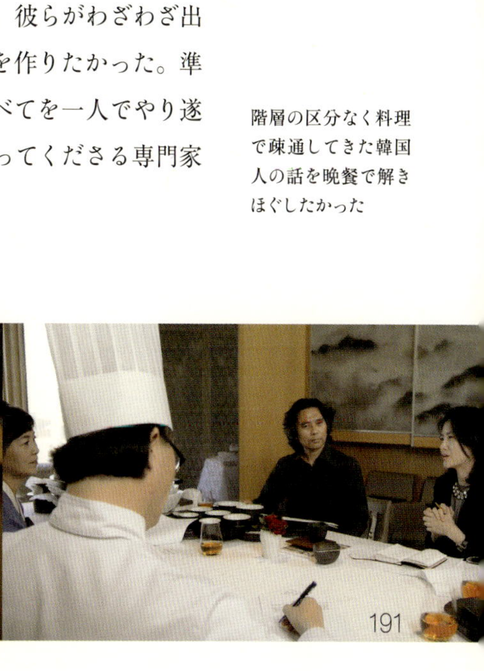

階層の区分なく料理で疎通してきた韓国人の話を晩餐で解きほぐしたかった

Ms. LEE YOUNG AE

巨匠たちのコラボレーションで作った晩餐

この「イ・ヨンエの晩餐」を作るのに、私は3人の巨匠の助けを受けた。ロッテホテル総料理長のイ・ビョンウ料理長、陶芸家のイ・ヌンホ先生、そして韓服デザイナーのハン・ウニ先生だ。この方たちが手伝ってくださらなかったら、おそらくすべてが不可能だっただろう。

晩餐を一月後に控えたある日、ロッテホテルの韓国料理店「ムクゲ」で3人と初めての顔合わせをした。まず「20年、演技だけをしてきて、このような大きな仕事をしたことがないので心配ばかりだ」と話した。イ・ビョンウ料理長は料理に対する知識がとても多く、イ・ヌンホ先生は韓国を代表する陶芸作家であり、ハン・ウニ先生は韓国服飾史で博士号を取得するほど歴史について造詣が深い方だ。孔子の前で字を書く思いで、彼らに私がこれまで勉強してきた韓国料理の話を披露した。重ねて、既存の韓国料理の晩餐とは違う、韓国人の情緒と哲学が込められた晩餐を準備したいという気持ちを明かした。そうするためには3人の助けが必要だという言葉で彼らを呼んだ理由を明かした。

しかし、実際に打ち明けた後、ふと「しまった」と思った。3人こそそれぞれの分野ではいつも主役である方々なのに、彼らに私を手伝って協業をしてくれと頼むこと自体が無礼なことではないか。だが、イ・ビョンウ料理長が「数えきれないほど晩餐を作ってきたが、このようなコラボレーションは初めて」と言って、果たしてどのような晩餐になるのか期待しているとおっしゃってくださった。

晩餐まで残った時間は一月余りだった。それにもかかわらず、3人の巨匠は何よりも「イ・ヨンエの晩餐」に力を入れてくださり、晩餐当日までそばにいてくださった。ドキュメンタリーでは限られた放送時間のせいで彼らの活躍をしっかりお見せできず残念で申し訳なかった。この場を借りて彼らとの縁はもちろん、どんな過程を経て晩餐を準備したのか紹介しようと思う。

韓服デザイナー、ハン・ウニが描き出したテーブルセッティング

韓服デザイナーのハン・ウニ先生は私の古い知人だ。先生との御縁は1999年まで遡る。この年の春、ワールドカップ日韓共催を前にして韓国と日本の間のもつれた感情を解こうという目的で日韓共同ファッションショーが開かれた。ファッションショーのテーマは「解く服、整える服」だった。韓服は解く服、着物は整える服という意味も込められていたが、それより深い意味はこうだ。「韓国と日本の間の恨みを解いて関係を整えよう」。このファッションショーには日本の着物デザイナーと韓国の韓服デザイナーが一緒に参加したが、当時ハン・ウニ先生は韓服デザイナーとして、私は韓服モデルとして舞台に立ち、先生との御縁が始まった。

先生が仕立てた韓服を見ていると、故郷の家に帰って来た時のように、なぜだか心が温かくなる。後日、その理由が色にあるということに気付いた。最も韓国的な色を表現するために野原と山で採った材料で色を出す天然染色を守り抜いてこられたそうだ。ブドウ、ヤマブドウ、ザクロなどの実や、唐辛子の種などを利用することもあるが、ヨモギ、タマネギの皮と実、そしてサボテンや蘇木（マメ科に属する常緑高木で、根や木材がすべて染色の材料になる）などの植物も活用し、五倍子（漆の葉にヌルデノミミフシが作った巣。薬剤または染色の材料として使われる）などの動物性材料を利用して染色をされる。そのせいか先生が仕立てた韓服からは韓国の自然が感じられる。

天然染色をする先生が仕立てた韓服を見ていると故郷の家に帰って来た時のように心が温かくなる

1999年のファッションショーで縁を結んだ後、私はイベントがあるたびに先生に韓服をお願いした。2001年、映画『JSA』でベルリン国際映画祭に参加した時も、2006年に審査委員として同映画祭を再び訪れた時も、先生の韓服を着てレッドカーペットを歩いた。そして、数年前、ソ・ギョンドク教授が企画

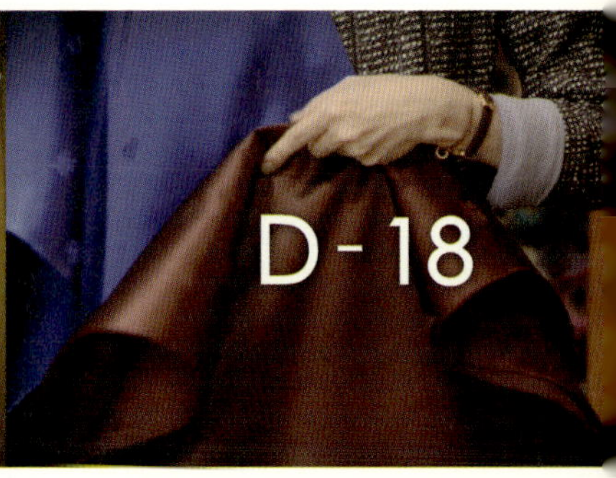

が企画したビビンパの広告で披露した素色（クリーム色を帯びた白色）のチョゴリに墨色のチマもやはり先生の作品だ。これまでの強い縁を頼りに、先生に晩餐の席で着る韓服はもちろん、テーブルマットからテーブルセッティングに必要なすべての小物を作ってほしいと無理なお願いをした。そうして私はハン・ウニ先生を最初の協力者として抱き込むのに成功した。

晩餐の会場に入ると最初に目に入るのが膳立てだ。そのため、先生には晩餐の第一印象に関わる大事な部分をお願いすることになる。招待客の7割が外国人なので座席ではなく立食用のテーブルを用意したが、少なくともテーブルを初めて見た瞬間、西洋式の晩餐ではなく韓国の晩餐だなと感じられるようにしてほしいと頼んだ。西洋式のテーブルに韓国的な色と韓国的な情緒を込めるというのは、言うほど簡単なことではないだろう。しかし、今までそうしてきたように、私は先生の腕を信じることにした。

そうして完成したのが麻布に天然染色をしたテーブルマットと白い木綿の布に野花の刺繍を入れたナプキン、そして風呂敷を利用して作ったキャンドルの装飾だ。一つひとつのデザインから始まり、染色をし、ある物は手縫いの手間を経て完成した。それでは足りないと感じたのか、晩餐の会場の入り口に掛けるさまざまな色の灯篭と椅子を装飾する布まで準備していらっしゃった。晩餐のテーブルから韓国的な美が漂っていたのは、すべて先生の苦労のおかげだ。

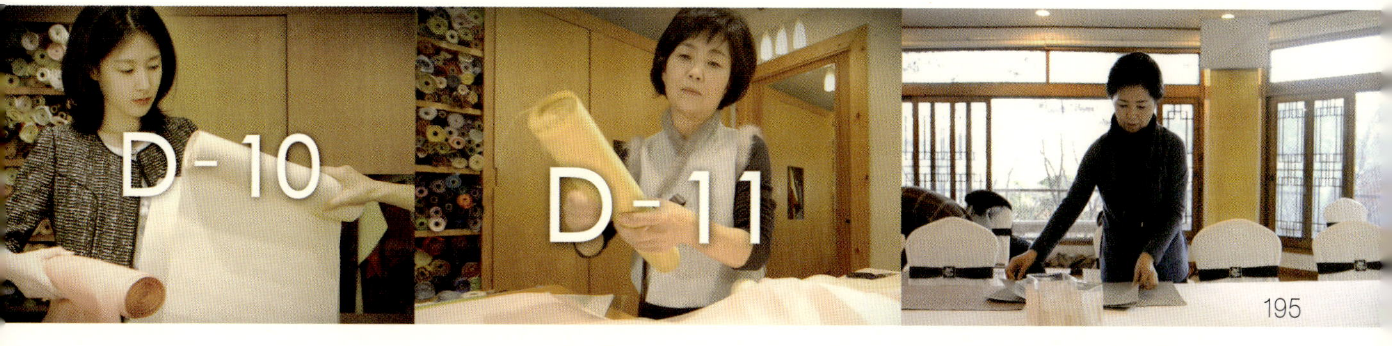

陶芸家イ・ヌンホ、朝鮮の魂を白磁で作る

イ・ヌンホ先生の存在を知ったのは偶然の機会だった。「イ・ヨンエの晩餐」の準備が本格的に始まる少し前、夫の用事にデートを兼ねて一緒に驪州《ヨジュ》に出掛けた時、ちょうど「陶磁ビエンナーレ」が開かれていた。平日だからか展示場は比較的閑散としていた。照明の下でほのかに光を発している器が目に入ってきた。韓国を代表する7人の陶芸家が「7種類の晩餐」というテーマで作品を展示していた。生活磁器であることを標榜しているが、ご飯や汁物をどのようによそったらいいのかと考えてしまうほど、その器一つひとつに作家の個性が表れていた。

中でもとりわけ目を引く作品があった。イ・ヌンホ先生の「月の明るい秋の夜の宴会」という作品だった。黒曜石のように黒く光るテーブルの上には黒と白の器がすっきりと綺麗に置かれており、壁面には照明を当てて満月を浮かべたような演出がされていた。それがどれほど趣のあった展示だったか。作品を見た瞬間、秋の夜の宴会を自然と思い起こさせる作家の腕前に感嘆したが、その時は、私の晩餐にイ・ヌンホ先生の作品を使うなどとは夢にも思わなかった。

その後、本格的な晩餐準備が始まり、私が望む晩餐の青写真を頭の中に描いてみた。すると、私の想像力がどうしてもイ・ヌンホ先生の器を呼び起こし、頭の中で勝手に準備を始めてしまう。そんなことが続くので、ダメ元で一度頼んでみようと思った。

ダメ元の相談だったのにもかかわらず、だが初めて会って10分もしないうちに、イ・ヌンホ先生は喜んで器の製作を引き受けてくれると言った。本人もまた朝鮮王朝時代の陶磁器文化を現代的に再解析しながらその伝統の脈をつないでいく人であり、そういう面で「イ・ヨンエの晩餐」は自分の作品と共通点があるとのことだった。イ・ヌンホ先生は江原道楊口《ヤング》で採れる土のみを使うが、

イ・ヌンホ先生は朝鮮王朝時代の陶磁器文化を現代的に再解析しながらその伝統の脈をつないでいく方だ

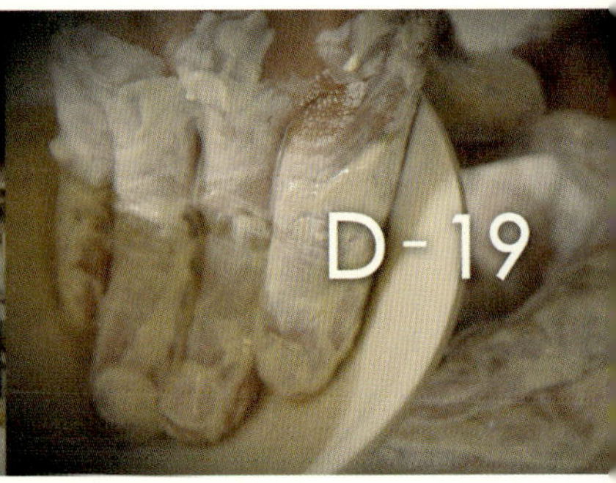

昔から朝鮮王朝時代の王室に進上されて王室の白磁を作るのに使われたのもまた江原道楊口の土だそうだ。朝鮮王朝時代から続いてきた土で作る陶磁器の上に、朝鮮王朝時代から続いてきた韓国料理の哲学が並べられるのだ！

そういう理由で喜んで受けてくださったが、問題は時間だった。水の杯一つにしても、ご飯の器一つにしても、いちいち手作業で作らなければいけない作品なので、晩餐で並べるほどの量を果たして作れるのか。30人分の器をすべて同じくそろえなければいけないだけでなく、韓国料理というのはおかずごとにそれぞれの器が必要なので、そう考えると時間はより切迫してくる。イ・ヌンホ先生は、晩餐までに必要な器をすべて作ろうと思ったら1カ月ずっと徹夜作業をしてもギリギリだと言って、無事に完成できるようお祈りでもしてくださいとおっしゃる。申し訳ない気持ちと心配な気持ちで、帰りの足取りは重かった。

だが晩餐の2日前、ついに完成したという嬉しい知らせが届いた。電話口で先生は、自分でもこの短い期間にあれだけたくさんの作品を作ったということが信じられないとおっしゃった。その枯れた声に、これまでの大変な作業期間が偲ばれた。暇あるごとにお祈りはしたが、もちろん私のお祈りのおかげではないはずだ。2台のミニバスいっぱいに積まれた、とてつもない数の器を1カ月で完成できたのは先生の情熱のおかげだ。先生のその情熱はいつまでも忘れられないと思う。

料理の名匠イ・ビョンウ、韓国人の暮らしを料理に解きほぐす

大韓民国の美食家といえば誰もがこの人の名を挙げるだろう。私もまた新聞やマスメディアを通じて「料理の名匠イ・ビョンウ」に接しはしたが、直接会うのは今回が初めてだ。G20の晩餐からダボス会議の晩餐まで、国家のトップクラスの晩餐を成功裏に作ったベテランなので、ぜひ一度お会いして晩餐について諮問を求めたかった。だが、制作スタッフとの最初の電話では固辞されたそうだ。それには理由があった。「朝鮮王朝500年伝わってきた韓国料理の哲学と価値を晩餐に解きほぐしたい」というこちらの説明に、それなら宮中料理を研究している方や朝鮮王朝時代の両班の家の料理を研究している方が適任だろうとお考えになったのだ。だが、簡単に諦めることはできなかった。結局、直接訪ねて晩餐の意図を詳しく説明した。私たちが晩餐で作ろうとしている料理は朝鮮王朝時代の料理ではなく、朝鮮王朝時代から今まで続いている「料理に込められた韓国人の情緒」であると伝えると、その言葉に興味をお見せになった。生涯料理を作ってきたが、「韓国人の情緒を込めた料理」は自分でも初めてだとおっしゃり、挑戦してみたいという意思を明らかにされた。

今考えると、イ・ビョンウ料理長にとっては簡単ではない選択だったと思う。総料理長という立場はとても多くのことに責任を負わなければいけないからだ。厨房の総司令官としてメニューを決めて調理するのはもちろん、器からセッティング、サービングまですべてに責任を負う座だ。しかもテーブルの装飾はハン・ウニ先生に、器はイ・ヌンホ先生にお願いをした後だったし、料理長の固有権限である料理のメニューすら私のような非専門家と一緒に考えようという提案だったので、その作業はおそらく他の晩餐の準備よりはるかに煩わしいものだっただろう。それにもかかわらず快くこのプロジェクトに賛同してくださった。その上、私がアイデアを出すたびに傾聴してくださり、激励してくださった。

チャングムは味を描き出すが、イ・ビョンウ総料理長は人の考えまでを料理に描き出される

料理の一品一品に韓国人の暮らしのエピソードを込め、そのエピソードを通じて韓国料理の精神は「疎通と分かち合い」だということを伝えたいという、私のややこしい要求にも嫌な顔一つせず積極的に吸い上げてくださった。

そうして数回の話し合いを経て完成したのが、8つのパートで構成された韓国料理のコースだ。晩餐で披露する料理に関する話は別途するが、料理だけでなく料理を提供する方式も普通の晩餐とは明らかに違った。大体、外国人を対象にした韓国料理の晩餐の場合、客一人ひとりに別途料理が提供される西洋式コース料理の形式を借りることが多い。しかし、イ・ビョンウ料理長は今回の「疎通と分かち合い」というテーマにふさわしく、4人が一緒に食べることができる料理をコースの途中途中に配置しながら、同時にご飯と汁物におかずを添えて食べる韓国人の基本のお膳を合わせて構成してくださった。

晩餐の前日、最終点検のためにロッテホテルで3人の先生と会ったが、その場でイ・ビョンウ料理長は晩餐に出す料理をあらかじめ見せてくださった。料理一つひとつが口に入れるのがもったいないほどに精巧で美しかった。その上、まるで私の頭の中をスキャンでもしたように、晩餐で表現したい私の意図が料理の中によく染み込んでいた。チャングムは味を描き出したが、イ・ビョンウ料理長は人の考えまで料理に描き出す才能があるので、チャングムより数段上であることは間違いない。

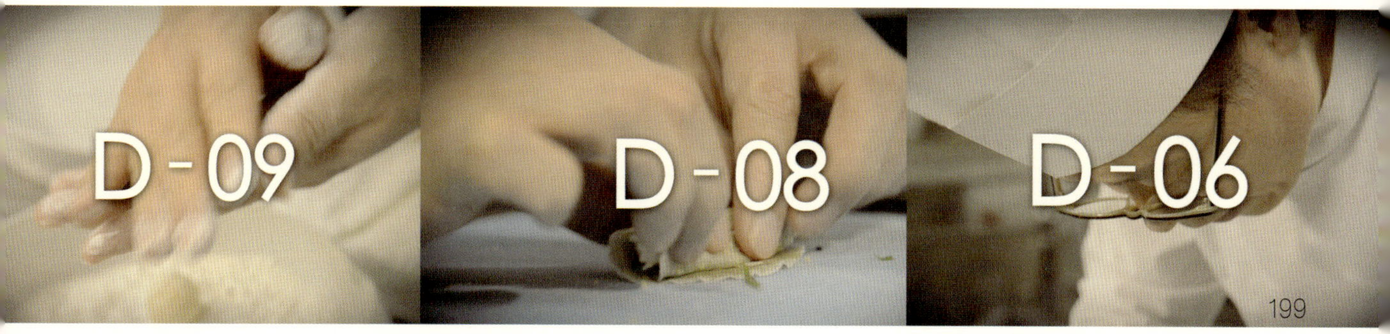

第３章　五台山で見つけた二つの宝物

自然の時間がプレゼントしてくれた一つ目の宝物

　重要な仕事の前に必ず訪れる場所がある。五台山だ。その稜線は柔らかく、私がとりわけこの山を愛する理由の一つである。

　真ん中にある毘盧峯《ピロボン》を中心に五つの峰が円を描いていることから五台山と呼ばれ、また空から見るとその五つの峰がまるで蓮の花と似ているということで「蓮心のような山の姿」とも呼ばれている。だからか五台山を訪れるとなぜか心が落ち着く。

「チャングムの誓い」の配役が決まる前、仏弟子だった母と一緒に五台山の月《ウォル》精寺《ジョンサ》を訪ねた。山の中、ゆったりとした時間に身を任せながら体と頭を休めるため、また和尚さんのありがたいお言葉を聞くため、月精寺で荷物を解いた。だが、たった2日でまた荷物をまとめてソウルに戻ることになった。「チャングムの誓い」のキャスティングが決まったからだ。その後も重要な仕事の前には日帰りでも月精寺によく寄った。晩餐を前にして五台山行きを決めたのもそのためだ。

　月精寺に行くにはモミの森を通らなければいけない。空に向かって真っすぐ伸びたモミの木がまるで護衛の兵士のようにたくましく並んでいる。ところどころに花びらのように落ちるモミの木の葉を浴びながらモミの木の香りに酔ってゆっくり歩いていると、しばらくして月精寺に着いた。

　10年前に出会ったヘヘン和尚にあいさつをして本堂に入る。仏様に晩餐を無事終えられるようにと祈願した後、お経をそらんずる母のそばにいたら、お昼時を越えてしまった。ヘヘン和尚は私たち家族のおなかの具合を察し、寺の台所に案内してくれた。久しぶりにいただく寺のお膳だ。

寺のお膳の上には五台山の自然がそのまま盛られている。季節は秋。旬は過ぎたので、おそらく旬に採って干したり塩漬けしておいた貴重な山菜のようだ。初めて見る山菜を珍しそうに眺めていると、寺のご飯を担当されているというトンヒョン和尚がおっしゃった。
「これはヤマブキショウマというものですが、ウルルン島ではヌンゲ升麻《スンマ》と呼ばれる山菜です。これはカタクリという五台山で自生する植物です。そして、これはハリギリ、その横はユキザサ、これはオタカラコウとトウキで漬けたチャンアチです」。

まずヤマブキショウマの味を見た。芳ばしい香りがしておいしい。オタカラコウとトウキも噛むとすぐに口の中いっぱいに香りが広がる。他の場所で食べたものより香りが濃いのはなぜかと尋ねたら、五台山で育ったからとお答えになった。月精寺は山中にあるので、お膳にはいつも五台山で採れる山菜が並ぶ。

そういえば、今私の前にあるこのお膳は時間が作り出したお膳だ。待ってこそ食べられるお膳、それが寺のお膳である。自然の純粋な理論に従って季節ごとに育つ山菜を採ることも時間が過ぎるのを待つことで、山菜に入れる味付けの材料もまた、時間をかけて完成されたものだ。その上、とりわけ手がかかるのが寺のお膳ではないか。寺で飯を炊く信女を「寺の生き仏」と言うのも、その時間の美学を習得した人だからだろう。作る人の悟りが料理にも込められたのだろうか、都市では味わえない健康で純粋な味が感じられる。一さじ一さじ、寺のご飯を口に入れるたびに体と心の古い汚れが洗われるようだ。

月精寺を出て旌善《チョンソン》[1]五日市場に向かった。同じ五日市場といってもうちの町内の両水里《ヤンスリ》伝統市場とはまた違う。聞いたこともない山菜や、それらの山菜で作ったチャンアチがとても多い。ざる一杯の山菜を採るために山に登り、数十回腰を曲げ、これを手入れして干したおばあさんのしわの寄った手から真心と

自然の純粋な理論に従って待ってこそ得られるお膳、それが寺のお膳だ

苦労が感じられる。

もともと五台山は山菜で有名な山だ。冬の間、凍った地を破って生命が芽生える春になると山菜がたくさん生え始める。4月はニシキギの新芽とヤマブキショウマが春の始まりを知らせ、続いてウド、カタクリが育つ。少しすればオタカラコウとアキノキリンソウが目立ち始め、サルナシの若芽、山ニンニク、シラヤマギク、ハリギリがバトンを受け取る。

山裾に頼り生きていく人にとっては、肥沃な土地で育つ穀物がない代わりに山で採れる山菜がある。この地域の人は春夏には山で採ったばかりの山菜を、秋冬には夏の間に干しておいた山菜をお膳に並べる。山菜はもしかしたら肥沃な土地に住む人をうらやむなと、五台山が山村の人にくれるプレゼントなのかもしれない。山と風、そして太陽の光が長い時間をかけて育てた山菜は、香りだけでも自然の気がたっぷりと感じられる。だから食べ頃の山菜を強壮剤と言うのだと思う。

ふとこの山菜を晩餐に出したいと思った。どんな形の料理になるかわからないが、ソウルに戻ったらイ・ビョンウ料理長にアイデアを求めるつもりで山菜数束を持って山を後にした。

1　五日市場…5日に一度開かれる市場

二つ目の宝物、ビビンパの再構成

晩餐を準備していて、「疎通と分かち合い」を最もよく表現できる料理はビビンパだと思った。以前より親交がある教授に晩餐のメニューとしてビビンパをぜひ入れたいと言ったら、いつか江原道に行ったら必ず寄りなさいと「静江園《チョンガンウォン》」という韓国伝統料理体験館を教えてくださった。独特なビビンパを作るところらしい。

駐車場に車を停めて歩くと、私の背よりはるかに低い石垣が目に入ってきた。石垣越しに優に数百個はあろうかというかめが並んで日光浴を楽しんでいた。都市では見ることができない眺めだ。しばらくの間かめの置き台から目を離せずにいたら、静江園の庭から誰かが「イ・ヨンエさんじゃないか」と知り合いのように声をかけてきた。静江園のキム・ギルジャ代表である。ソウル大学のチャン・テス教授の紹介を受けて訪れたと言うと、それ以上聞かずに私を大きなホールに案内してくれた。ホールの中に入ると、シンガポールからの観光客が私に気付いて喜ぶ。

静江園にはビビンパやキムチ、コチュジャン、[1]インチョルミ、豆腐などの韓国の伝統料理を自分で作ることができる体験プログラムがあるそうだ。シンガポールの観光客が待っているのもビビンパ作り体験。韓国料理に対する関心が高まって自分で韓国料理を作ってみようと静江園を訪れる外国人観光客が増えているという。観光客の前でマイクを持って立ったキム・ギルジャ代表の前に17個もの大きなどんぶりが並んでいる。そして、その中にはそれぞれ山菜が盛られている。すべて、静江園周辺の菜園で育てた野菜で作ったナムルだと言った。山菜についての説明が終わると、ガリバーのご飯茶碗と言っても信じるくらい大きな容器が台に載せられてホールの中に入ってきた。どんぶりに盛られていた山菜を全部その容器に入れて、さらにご飯やごま油、コチュジャンのソースを加えて、観光客はグループごとにご飯を混ぜ始める。ある人は巨大な容器の前でポーズを取り、またある人はしきりにカメラのシャッターを押す。

堂

そこで会ったシンガポールの観光客のうちの一人が「特にビビンパが好きなんだけど、こうして一緒に混ぜて分け合って食べたらもっとおいしく感じる」と親指を立てる。それは考えもつかなかった韓国の味だ。もともとビビンパとは、家族皆が大きな器を囲んで座り、残りもののおかずを全部入れてさっさと混ぜて食べるものではないか。その味を、この機会にぜひ外国の方にも知ってもらいたいと思った。しかし、一方では晩餐の場でこのようなビビンパのパフォーマンスが果たしてふさわしいかという疑念もあった。ひとまず、これもまたイ・ビョンウ料理長と相談しなければと考えながらソウルに戻った。

江原道から帰った翌日、朝ご飯を食べてすぐにイ・ビョンウ料理長に電話をし、五台山での収穫を伝えた。そうして誕生した二つの料理がある。一つは五台山の山菜を和えた[2]蕩平菜《タンピョンチェ》で、もう一つは４人が一緒にビビンパを混ぜながら分けて食べるビビンパのパフォーマンスだ。晩餐の最後に[3]スンニュン茶を出したいという私のアイデアもまた素敵に消化してくださった。つまらない私の意見を解釈し、素晴らしい晩餐のメニューにしてくださったイ・ビョンウ料理長にもう一度感謝する。

そうして完成した全８コースの晩餐のメニューは次の通りだ。

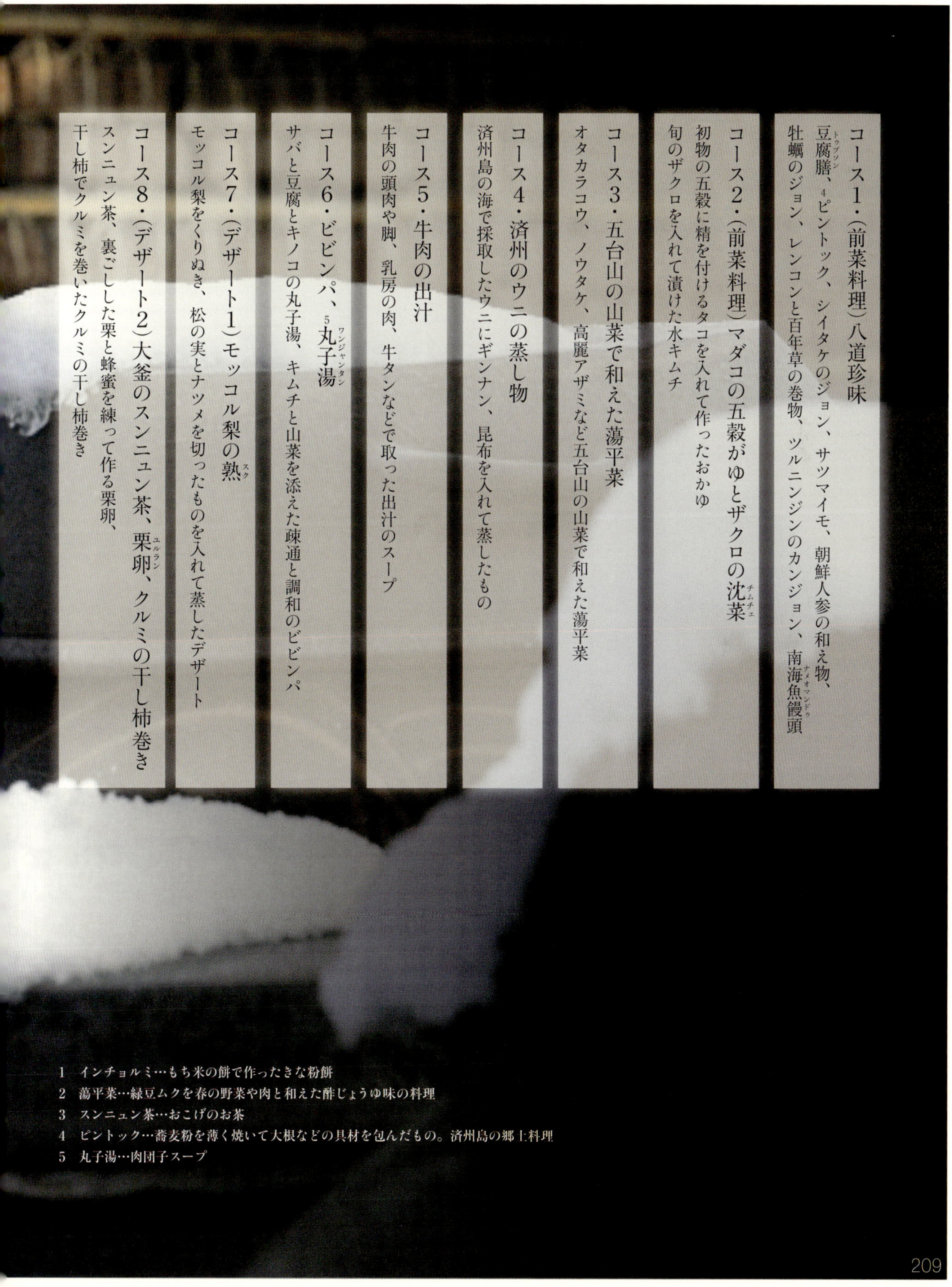

コース1・（前菜料理）八道珍味

豆腐膳《トゥブソン》、[4]ピントック、シイタケのジョン、サツマイモ、朝鮮人参の和え物、牡蠣のジョン、レンコンと百年草の巻物、ツルニンジンのカンジョン、南海魚饅頭《ナメオマンドゥ》

コース2・（前菜料理）マダコの五穀がゆとザクロの沈菜《チムチェ》

初物の五穀に精を付けるタコを入れて作ったおかゆ

旬のザクロを入れて漬けた水キムチ

コース3・五台山の山菜で和えた蕩平菜

オタカラコウ、ノウタケ、高麗アザミなど五台山の山菜で和えた蕩平菜

コース4・済州のウニの蒸し物

済州島の海で採取したウニにギンナン、昆布を入れて蒸したもの

コース5・牛肉の出汁

牛肉の頭肉や脚、乳房の肉、牛タンなどで取った出汁のスープ

コース6・ビビンパ、[5]丸子湯《ワンジャンタン》

サバと豆腐とキノコの丸子湯、キムチと山菜を添えた疎通と調和のビビンパ

コース7・（デザート1）モッコル梨の熟《スク》

モッコル梨をくりぬき、松の実とナツメを切ったものを入れて蒸したデザート

コース8・（デザート2）大釜のスンニュン茶、栗卵《ユルラン》、クルミの干し柿巻き

スンニュン茶、裏ごしした栗と蜂蜜を練って作る栗卵、干し柿でクルミを巻いたクルミの干し柿巻き

1　インチョルミ…もち米の餅で作ったきな粉餅
2　蕩平菜…緑豆ムクを春の野菜や肉と和えた酢じょうゆ味の料理
3　スンニュン茶…おこげのお茶
4　ピントック…蕎麦粉を薄く焼いて大根などの具材を包んだもの。済州島の郷土料理
5　丸子湯…肉団子スープ

第４章　晩餐に込めた韓国料理の話

오늘 만찬을 준비하

これまで話してきた通り、私は今回の晩餐に「疎通と分かち合い」を通じて変化、発展してきた韓国料理に関する話を込めたかった。見た目には何の変哲もない料理だが、その一品一品を通じて私たち民族が生きてきた話を伝えたかった。そして、お客様に料理にまつわる話を効果的に知っていただくためのパンフレットも作った。料理を前にしてその料理の中に込められた韓国人の暮らしと情緒を感じてほしかったからだ。これらが最終的なメニュー選定の基準になった。

朝鮮八道の交わり、八道珍味

一つ目のコース料理は「八道珍味」だ。八道珍味という名前からわかるように、全国八道から上ってきた食材を調理して一つの器に盛ったものである。江原道江陵《カンヌン》の豆腐で作った豆腐膳《トゥブソン》、慶北聞慶《ムンギョン》の特産物シイタケで作ったシイタケのジョン、京畿道驪州《ヨジュ》の肥沃な畑で育てたサツマイモ、忠南錦山《クムサン》の特産物である朝鮮人参を使った和え物、慶南産の牡蠣のジョン、全南新安《シナン》の百年草を入れて作ったレンコンと百年草の巻物、全北鎮安《チナン》のツルニンジンを使ったツルニンジンのカンジョン、済州道の伝統料理ピントック、慶南南海《ナムヘ》に伝わる伝統料理、魚饅頭。この小さな皿の中に大韓民国八道の自然と味がすべて詰まっているというわけだ。

朝鮮王朝時代、王の御膳は全国から進上された特産物で作られた。王と民が同じものを食べるという意味もあるが、王の食膳は民の暮らしを知るための鏡だったからだ。八道珍味は御膳を通じて民と疎通し、民の暮らしを知ろうとした王の気持ちを表現した料理である。そのような意味も込めて、コースの初めに八道珍味を用意した。

マダコの五穀がゆとザクロの沈菜《チムチェ》

イ・ヌンホ先生が作ったギンナンを模した器にマダコの五穀がゆを盛り、その横にザクロの沈菜、すなわちザクロのキムチを置く。水キムチにザクロを入れたザクロの沈菜は晩秋が旬の料理でもあるが、女性客に配慮した健康食でもある。

二つ目のコースのメイン料理はマダコの五穀がゆだ。二つ目のコースでおかゆを出したのには理由がある。昔から「総じていい嫁は30種類の山菜料理を作れなければならず、20種類のおかゆを作れなければならない」という言葉がある。おかゆは昔から、王室から下層の民に至るさまざまな階層に愛されてきた料理だ。宮中では初早飯といって朝食前におかゆをまず食べ、一般家庭でもチャリッ早飯《チョバン》といって老人におかゆを作る風習があった。また、不幸のあった隣人や親戚にご飯より食べやすいおかゆを炊いて送る風習もあったそうだ。階層や季節によっておかゆの用途も多様だった。『林園経済志』（朝鮮後期の実学者、徐有榘《ソユグ》が書いた博物学書）には雪解け水で梅の花びらを煮て、その水に米を入れて作る梅がゆが登場するが、梅がゆは味よりは梅の花の高貴な香りを楽しもうとした風流な料理だった。また、貧しい庶民が食べた菜がゆは食糧が不足していた春の端境期を越すための救荒食だったし、暑い日に町内の小川のほとりに釜を掛け、川辺で捕まえた魚を使ってその場で作って食べる魚がゆは庶民の保養食だった。そして朝鮮の21代王だった英祖は寒くなると宣伝官《ソンジョングァン》（朝鮮時代の武官の職責）をして乞食を集めて宣恵庁《ソンヘチョン》でおかゆを食べさせたという記録が残っている。

職位の高低を問わず心を分かち合った食べ物がおかゆなのである。五つの初物の穀物とタコで作ったマダコの五穀がゆにはそんな韓国人の情緒が込められている。

五台山の山菜で和えた和合の料理、蕩平菜

　太く切った緑豆のムクに炒めた牛肉とニンジン、そしてセリを入れてしょうゆ、酢、ごま油で和えた後、錦糸卵、きざみのり、イワタケなどの飾りを載せた料理が蕩平菜である。この料理を蕩平菜と呼び始めたのにはこんな由来がある。

　朝鮮の宣祖の時から正祖の時まで250年間は党争が絶えない時代だった。東人と西人、南人と北人、大北と小北、老論と少論などに分かれて、王妃と世子の冊封問題から皇太后が喪服を着る期間に至るまで、すべてのことでぶつかり合い政治的対決にふけっていた。党争によって息子の思悼世子を死に至らしめた英祖は、党争を正すために蕩平策《とうへいさく》を実施しようとした。もともと蕩平という言葉は『書経』の「洪範編」の「王道蕩蕩 王道平平」から来た言葉で、「王は自分と近いからと使って遠いからと使わないというのは駄目だ」という人材登用の原則だ。

　この蕩平策を論じる席で一つの料理が出された。それが蕩平菜という料理だった。蕩平菜は白色、赤色、青色、黄色、黒色の材料がすべて使われ、これは五方色を意味するが、それぞれの党派を象徴する色でもある。黒色のイワタケやきざみのりは北人を象徴し、青色のセリは東人を、赤色の牛肉は南人を、そして主材料の緑豆のムクは当時執権勢力だった西人を象徴する色だった。英祖はこの料理を経綸の場に出しながら、すべての材料をひとところに混ぜて調和を成すこの料理のように、党派の区分なく国益のために献身しようという意志を臣下に伝えようとした。このような逸話が伝えられる蕩平菜は、韓国人にとっては和合を象徴する料理とみなされている。晩餐では党派を象徴する材料の代わりに体にいい五台山の山菜を入れて緑豆のムクと和えた。

捨てる所がないとても貴重な料理、牛肉の出汁

私たちの祖先は家を治める神をソンジュ大監《デガム》と呼んだ。板の間の片隅にはソンジュタンジまたはシンジュタンジと呼ばれる米びつを置いた。それほど私たちの祖先は米を神聖視した。建国初期から農本主義政策を取った朝鮮王朝時代で米は政治の道具だった。農業が国の経済を支える柱だったので、農業をする牛は他の家畜とは異なる待遇を受けた。国の法律で牛を屠殺することを禁じたのもそのためだ。

貴重だった分、ただの一カ所も捨てられなかった牛肉。そのため私たちの祖先は骨から心臓、内臓、しっぽまでほとんどすべての部位を食材として活用する知恵を生み出した。この日の晩餐で披露した出汁も牛の頭肉や脚、乳房の肉、牛タンなどさまざまな部位を一緒に出すことにより、朝鮮王朝時代の人々の暮らしと知恵を料理の中に解こうとした。

調和と統合の象徴、ビビンパ

ビビンパは最も「調和している料理」である。宇宙を象徴する五方色がそろっているからだ。いろいろな材料が混ざり合うことで新たな味を作り出し、同時に素材一つひとつの味もきちんと生きている。だからビビンパは、調和と統合を象徴する料理と言われる。

韓国人はいつからビビンパを食べるようになったのだろうか。正確な由来はわからないが、地域ごとにビビンパにまつわる面白い逸話がある。ユッケを入れて混ぜて食べる「晋州《チンジュ》ビビンパ」には悲壮さ漂う逸話が伝わっている。1592年、文禄の役当時、晋州城に孤立した義兵と官軍、そして婦女子が最後の戦闘に臨むにあたって城内にあるすべての食材を入れて混ぜた後、分けて食べた。死

一つの器のご飯を一緒に分けて食べた韓国人の情緒を最もよく表している食べ物がビビンパだ

ぬ覚悟で戦闘に臨むため、命のように大事にしていた牛までつぶしてビビンパに入れたのだ。晋州城の民の決意が作り出した食べ物が晋州ビビンパだ。

安東では祭祀が終わると祭祀に使った食べ物をまとめて混ぜた後、祭祀に出席した人と分けて食べる風習がある。天と先祖に捧げる貴重な食べ物を一緒に分けて食べてこそ均等に福が回ると信じたからだ。この食べ物を「安東《アンドン》ホッ祭祀《チェサ》ご飯《パブ》(ホッは偽物という意味)」と呼ぶ。

また、農民が農繁期にお膳を作る煩わしさを減らすためにいろいろなおかずを入れて混ぜて食べたという説や、高麗末に元が侵入するや避難の途に就いた王がご飯の上に３～４のナムルを載せて食べたことから「宮中ビビンパ」が始まったという説もある。

このように韓国にはいろいろなビビンパがあり、ここにまつわる話もさまざまだ。ビビンパは皆が一緒に一塊となって疎通して和合し、一つの器のご飯を一緒に分けてきた韓国人の情緒を最もよく表している。晩餐のメインメニューとしてこれより相応しいものはなかった。

8　最終チルムご飯《パプ》

「チルムご飯」はビビンパという意味の済州島方言だ。
ご飯の上に炒めたナムルと炒めた貝を載せ、カラシとごま油を入れて混ぜて食べる。

9　羅州ビビンパ

ご飯の上に牛肉のユッケ、豚肉の脂身、シイタケ、熟成キムチを載せ、コチュジャンの代わりに唐辛子粉と味噌を混ぜて作ったものを入れて混ぜて食べる。

10　ウルルン島ビビンパ

ご飯の上にウルルン島で自生する各種山菜（ヨメナの筍ナムル、アキノキリンソウの若葉、ヤマブキショウマのナムル、ワラビ）と牛肉を載せて混ぜて食べる。

健康になるビビンパ

ビビンパの最も大きな特徴は、地域で採れる材料や、個人の好みや趣向によって具材を変えることができるという点だ。最近はウェルビーイングブームのおかげで体を治癒する薬草や野菜を入れたビビンパが開発されている。

1　体を浄化させるビビンパ

具材：高麗アザミ、トウキの根、レンコン、オタカラコウ、ギョウジャニンニク、大豆、アシタバ、シイタケ

2　体の毒素を排出するビビンパ

具材：オオバコ、松葉、コウタケ、メダカラコウ、トラジ、ハリギリの芽、マツタケ、桑の葉

3　体に活力をくれるビビンパ

具材：ギンナン、シイタケ、高麗アザミ、コウタケ、マツタケ、ワラビ、オタカラコウ

4　血液循環を助けるビビンパ

具材：クズ、マツタケ、栗、きのこ、コウタケ、山養参（山に種を蒔いて自然の環境だけで育てた朝鮮人参）、ヨモギ、タラの芽

5　ストレス解消を助けるビビンパ

具材：ハリギリの芽、大根、カタクリ、桑の葉、オタカラコウ、ギョウジャニンニク、マツタケ

資料提供：ソウル大学グリーンバイオ科学技術研究院

全国八道のビビンパ

1　全州ビビンパ

牛出汁でご飯を炊き、蒸らす時に若い豆もやしを入れて火を通す。火が通った豆もやしとご飯を混ぜた後、その上に牛肉のユッケ、卵の黄身、緑豆のムクなど30種類余りの材料を載せて混ぜて食べる。味付けは薄口しょうゆとコチュジャン、ごま油を混ぜて使うのが特徴だ。

2　安東ホッ祭祀ご飯

晋州、大邱、安東などで主に食べるビビンパで、安東地方のホッ祭祀ご飯が一番有名。祭祀の膳に上げたジョン、ナムル、散炙、スープなどの料理を一つに混ぜて食べたものに由来する。コチュジャンの代わりにしょうゆ、ごま塩、ごま油で味付けをするのが特徴だ。

3　海州《ヘジュ》ビビンパ

ご飯を炒めてから混ぜるのと、陸海のあらゆる材料が入るのが最も大きな特徴。炒めたご飯にナマコ、アワビ、貝などの海産物とマツタケ、セリ、もやしのナムル、ワラビを入れ、ここに鶏肉と卵、のりを載せて混ぜて食べる。首陽山《スヤンサン》のワラビと海州の特産物ののりは海州ビビンパに欠かせない材料である。

4　晋州ビビンパ

牛胸肉をゆでたスープでご飯を炊き、ご飯の上に豆もやし、もやしのナムル、ズッキーニのナムル、フダンソウ（スイスチャード）、ヒョウタンの実のナムルなどを放射状に並べる。その真ん中にユッケと黄泡《ファンポ》ムク（クチナシで黄色く染めた緑豆のムク）、岩のりを載せて混ぜて食べる。ヨッコチュジャン（水あめを混ぜたコチュジャン）で味付けをする。

5　統営ビビンパ

慶尚南道統営地方のビビンパで、ご飯の上に生ワカメとひじきを和えたものを載せ、ここにニラ、ホウレンソウ、豆もやし、ズッキーニ、なすナムルなど10種類以上のナムルを一緒に載せてコチュジャンで混ぜて食べる。

6　咸鏡《ハムギョン》道《ド》鶏《タク》ビビンパ

ご飯の上に各種ナムルを載せ、ここにゆでて味付けした鶏肉と鶏の出汁を少し入れて混ぜて食べる。鶏温飯《タゴンバン》とも呼ぶ。

7　コジェホヤの塩辛ビビンパ

慶尚南道コジェ島の郷土料理で、短く切ったホヤを2～5日ほど熟成させて塩辛にした後、ごま塩、ごま油、刻みのりを入れて混ぜて食べる。

第5章　混ぜて分けて、一つになる

幽霞

Ms. LEE YOUNG AE

1カ月という時間は緊迫の中、過ぎていった。

とりわけ早く訪れた冬。この数日、鼻先が冷たく感じるほどの寒風が強く吹いたと思ったら、晩餐当日は暖かい陽射しが降り注いだ。

昼食後、会場のある三清閣《サムチョンガク》に到着した。早めに着いたつもりだったが、ドキュメンタリーの制作スタッフはもちろん、イ・ビョンウ料理長、イ・ヌンホ先生、ハン・ウニ先生もすでに到着して晩餐の準備に奔走している。もの寂しくガランとしていたスペースにテーブルが入り、その上にテーブルクロスときれいに染まったマット、ナプキンが置かれ、それぞれの席には木の葉に招待客の名前を刻んだネームタグが並べられた。

すべての準備が整えられ、ついに最初のお客様を迎えた。チェリストのチョン・ミョンファ先生。明日には海外公演のために出国されるという中、最終リハーサルを終えてすぐに駆け付けてくださったそうだ。感謝の気持ちを表したら、「とても意義深いことですから。私たちの音楽で韓国を知らせることもそうですが、韓国料理を通じて韓国を知らせることも重要じゃないですか。当然来なければ」とおっしゃり、私の手をぎゅっと握ってくださる。

デザイナーのリー・サン・ボン先生も、サムルノリをなさるキム・ドクス先生も、そして世界的な産業デザイナーであるキム・ヨンセ先生も同じ気持ちで訪れてくださった。トルコ大使館のシュックルエ・バヤル・バルシウス夫婦は韓国に赴任してあまり経っていないが、韓国文化に対し強い関心を持っていると晩餐に出席した理由を明かし、日本、スリランカ、イラン、ミャンマーの大使夫婦はドラマ「チャングムの誓い」を覚えていると言って韓国料理への好意を示した。駐韓アメリカ商工会議所代表のエイミー・ジャクソンさんは家族のために自らキムチチゲを作るほど韓国料理を愛しているそうだ。アジア財団のピーター・ベック代表は流暢な韓国語で韓国料理の名前をすらすら言ってスタッフを驚かせた。さらに、元駐韓カナダ商工会議所代表のシモン・ビローさんは寺の料理に対する造詣が深く、真の韓国料理マニアだと自らを紹介した。せいぜい二言三言の会話をしただけなのに、韓国に対する彼らの格別な愛着と関心が感じられた。今日私は、彼らにとってはあまりなじみがないかもしれない、韓国料理に込められたわが民族の古い話を聞かせようとしている。

宮殿の中で水剌床を通じて民の暮らしを知った朝鮮の王の気持ちを表現した八道珍味を筆頭に、階層を越えて韓国人に愛されてきたおかゆ、疎通と和合の精神で和えた蕩平菜、韓国人の知恵が溶けている牛肉の出汁まで、それぞれの料理がお膳に上がるたびにその料理に込められた話を解いた。韓国と長い縁を結んできた方々なので、料理自体には見覚えがあるようだったが、料理の中にそんな逸話と意味が込められているとは知らなかったと、皆一様に感心してうなずいていた。隣の席に座っていたエイミー・ジャクソンさんは、王族から庶民まで料理を分けて食べたというのがとても変わっていると言って、そのような背景を考えて料理に接すると韓国料理が違って見えると興味を持っていた。そのように和やかな雰囲気で晩餐は進み、ついに今日の晩餐のハイライト、ビビンパパフォーマンスを紹介する番が来た。

大きなどんぶりに盛られたビビンパがそれぞれのテーブルに置かれた。４人が一緒に混ぜ、各自の器に分けて食べるビビンパパフォーマンス。ご飯を通じて疎通した韓国人の気持ちを体験するようにしたのだ。

「ここに集まった方々は国籍も違い、文化や言語も違い、また職業も違います。ですが、一つのお膳の前で情を分け、疎通できたら私たちが食べる料理は料理以上の意味があると思います。そんな気持ちで小さなパフォーマンスを準備しました。少しなじみがないでしょうが、一緒に混ぜて分けてお召し上がりください。料理を通じて疎通してきた韓国人の気持ちを感じてください」。

私の言葉が終わるや否や、皆立ち上がってビビンパを混ぜ始めた。こちらのテーブルではソースをどれくらい入れるかを相談し、あちらのテーブルではビビンパに入っている材料についての討論が続いている。また、あるテーブルでは誰が先にということもなく「ビビンパドリームチーム」と叫び、世界に二つとないビビンパを作る勢いだ。互いが顔を合わせて一緒に作るビビンパのおかげで、テーブルごとに笑い声が絶えない。どんな晩餐でも見ることができない、にぎやかな光景だ。

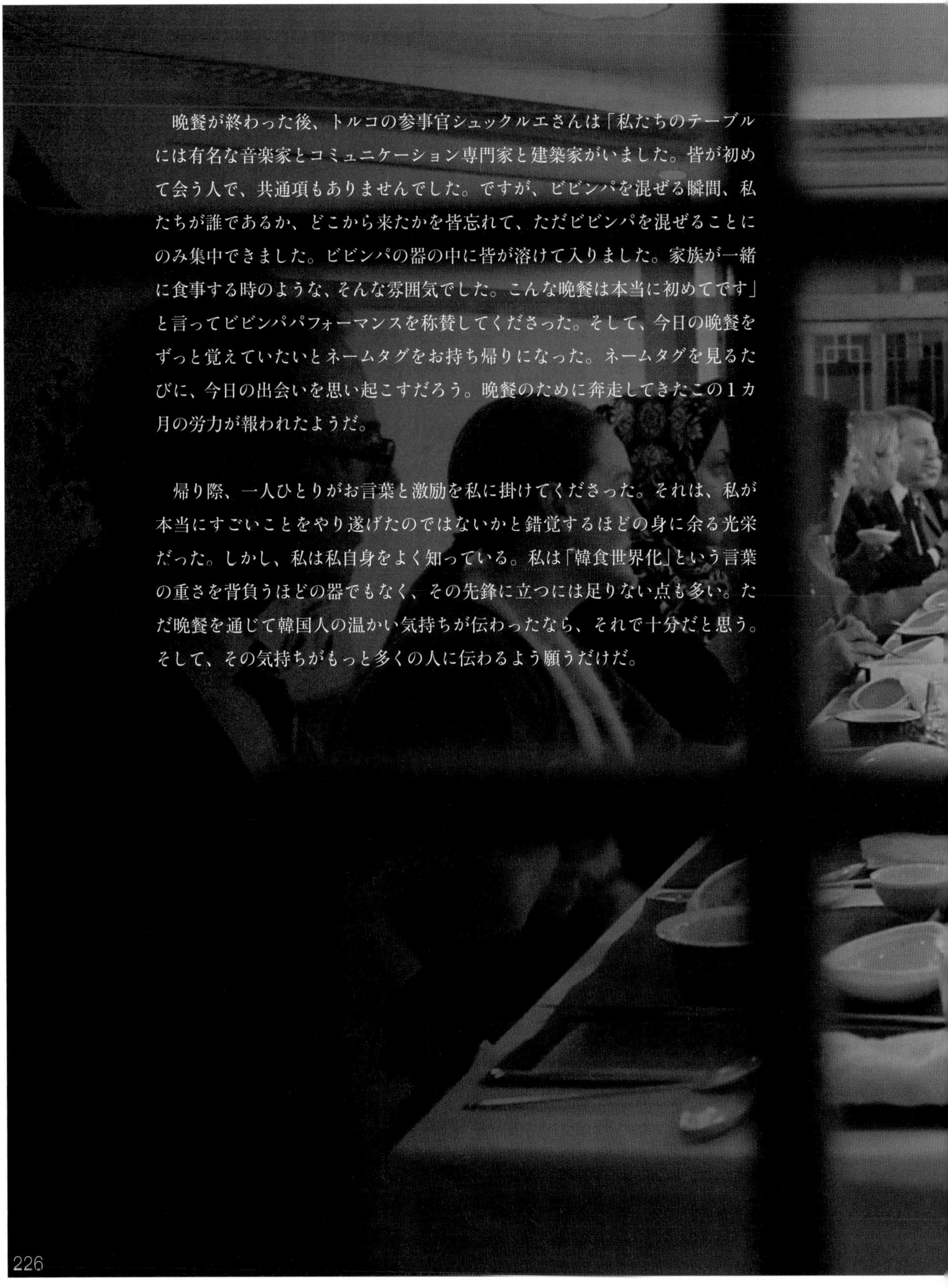

晩餐が終わった後、トルコの参事官シュックルエさんは「私たちのテーブルには有名な音楽家とコミュニケーション専門家と建築家がいました。皆が初めて会う人で、共通項もありませんでした。ですが、ビビンパを混ぜる瞬間、私たちが誰であるか、どこから来たかを皆忘れて、ただビビンパを混ぜることにのみ集中できました。ビビンパの器の中に皆が溶けて入りました。家族が一緒に食事する時のような、そんな雰囲気でした。こんな晩餐は本当に初めてです」と言ってビビンパパフォーマンスを称賛してくださった。そして、今日の晩餐をずっと覚えていたいとネームタグをお持ち帰りになった。ネームタグを見るたびに、今日の出会いを思い起こすだろう。晩餐のために奔走してきたこの１カ月の労力が報われたようだ。

帰り際、一人ひとりがお言葉と激励を私に掛けてくださった。それは、私が本当にすごいことをやり遂げたのではないかと錯覚するほどの身に余る光栄だった。しかし、私は私自身をよく知っている。私は「韓食世界化」という言葉の重さを背負うほどの器でもなく、その先鋒に立つには足りない点も多い。ただ晩餐を通じて韓国人の温かい気持ちが伝わったなら、それで十分だと思う。そして、その気持ちがもっと多くの人に伝わるよう願うだけだ。

エピローグ

時代はめまぐるしく変わる。時代と共に私たちの暮らしもたくさんのことが変化した。お膳の上に並ぶ料理も変わった。「韓国料理は『待つこと』の美学が込められた料理だ」とは、昔の言葉だ。２分で一杯のご飯ができ、３分待てば熱い汁物や料理を食べることができるインスタントな時代に私たちは生きている。しかし、そうやってできた料理でおなかを満たすことはできても、心まで満たすことはできない。

味は舌先ではなく思い出で覚えるとは、誰が言った言葉だったか。年を取っても忘れられない小さい頃の母の手作りの味は、舌先の記憶ではなく思い出だ。年を取るほど母の味が恋しくなり、その味を再現したいとよく思う。晩餐を終え、汶湖里の庭園にかめを埋めてトンチミを漬けた。もちろん実家の母の助けを借りて完成させたトンチミだ。トンチミを漬けると、冬の準備を終えたかのような気分になる。来る冬には、電話１本で配達される夜食の代わりに小さい頃母が作ってくれた夜食を作ってみようかと思う。氷がぷかぷか浮かぶトンチミのスープをそばに掛け、大人の拳ほどのトンチミの大根を平べったく切って載せたトンチミ麺にも挑戦してみるつもりだ。

そうやって味というものは母から娘に、またその娘が母になって自分の息子や娘たちに伝えてつながるものだ。代々つながっていくのが味というものだ。私たちのお膳に並ぶ一杯のご飯にも、一杯の汁物にも数多くの人の思い出と経験が込められている。

私は6カ月間のとても長い旅を通じて、この地に生きてきた数多くの人の記憶と向き合った。とても古い記憶もあり、最近生まれた記憶もある。その長い記憶と経験が溶けて誕生したのが料理なので、料理はその土地に生きてきた人が誰であるかを教えてくれる文化だということも悟った。

私は今日も二人の子どもと家族のためにお膳を作る。いつか私の子どもたちも母の味を思い出し、私が聞かせてあげた話を思い出すだろう。そうして2000年の時をつないできた韓国料理の話が、また数百年、数千年と脈をつなぐのだろう。

イ・ヨンエ

1990年、女優デビュー。

ドラマ「アスファルトの男」(1995)、「インビテーション」(1999)、「火花」(2000)では都市の洗練された女性を、空前のヒットを記録した「宮廷女官チャングムの誓い」(2003)では上品で韓国的な女性を演じた。

「宮廷女官チャングムの誓い」は国内で広く愛されただけでなく、海外99カ国に輸出、放映されて世界的に「イ・ヨンエ」という名前を知らしめた。また、ホ・ジノ監督の映画『春の日は過ぎゆく』(2001)、パク・チャヌク監督の『親切なクムジャさん』(2005)でも高い評価を受け、韓国を代表する大女優へと登りつめた。

2009年の結婚以降は家庭と出産・育児に専念。息子スングォンと娘スンビンの双子の母として、京畿道《キョンギド》の楊平《ヤンピョン》にある汶湖里《ムンホリ》の田舎に居を設け、静かで素朴な暮らしをしている。

おわりに――作家ホン・ジュヨン

「料理」とは放送人にとって無尽蔵なテーマです。料理を教える番組からおいしい店を紹介する番組、料理対決のショーまで、さまざまな料理番組があります。バラエティーでは食べ歩きのプログラムが多く、さらには料理を素材にしたドラマや映画もたくさんあります。ドキュメンタリーも例外ではありません。毎週、大韓民国津々浦々の料理を調べている「韓国人の食卓」はもちろん、放送３社の看板ドキュメンタリー番組も年に３～４本以上の料理ドキュメンタリーが放送されます。おかげでほぼ毎日テレビで料理の話題に接することができます。よくもネタが尽きないものだと思うほどに、料理に関する放送が流れ、それなのにまた翌日になると、必ず新たな料理番組が流れます。

料理は作家にとって視聴率を担保する最も魅力的なテーマであると同時に、最も不便で煩わしいテーマでもあります。内容や構成を、既存の料理ドキュメンタリーにないものにしないといけないからです。これまで韓国料理に関する数多くのドキュメンタリーが制作されましたが、料理に込められた韓国人の哲学を扱った作品はありませんでした。そのため本ドキュメンタリーでは料理に込められた韓国人の考え、そして料理を通して見る韓国人の正体についての話をしたかったのです。

テーマを決めたら、今度は構成が大変でした。哲学というのは、映像に収めるには多少退屈で平凡です。その哲学的な話を簡単に解きほぐす誰かが必要でした。その瞬間、一番に思い浮かんだ顔が、女優イ・ヨンエでした。チャングムがドキュメンタリーで韓国料理の古い秘密を探しに旅立つ！　頭の中に映像を描いてみると、イ・ヨンエさんほどの適任者はいないと思いました。ですが、周囲の反応は生ぬるかったです。「夢みたいなことを言っているな」という反応でした。とにかく、ダメ元でイ・ヨンエさんの事務所に連絡をし、企画案を伝えました。それから２週間ほど過ぎたでしょうか。イ・ヨンエさんが直接会いたいという意思を伝えてきました。最初の会合でどうしてイ・ヨンエさんがこのドキュメンタリーに出演しなければいけないのか、イ・ヨンエさん以外には誰もできないドキュメンタリーだということを強調しました。その後も何度か会いました。そのたびに粘り強く説得して議論しました。その過程の末に、ついに出演許可をもらい、「イ・ヨンエの晩餐」は去る春、ついにいかりを上げて出航することになりました。

ドキュメンタリーの作業はドラマと違い、長い待ち時間が必要です。一つの場面を撮るために数日待つこともあり、1週間ずっと撮影した内容をすべて捨てることもあります。映画やドラマにのみ慣れ親しんだ女優が、「待つこと」に耐えてくれるかとても心配でした。女優だからドキュメンタリーで見せてくれる姿には限界があるだろうという制作スタッフの考えは、しかし間違っていました。ハン・ボンニョ先生を訪ねて宮中料理を学び、朝から夜まで椅子に腰掛ける暇もなく料理を作ったことも数えきれないほどあります。モンゴルではスタッフもためらった遊牧民の料理をもぐもぐ食べたかと思えば、明け方まで続く撮影にも疲れを知らない体力を見せてくれました。その上、女優として晒されたくないだろう素顔はもちろん、自分の日常まで公開して我々を驚かせました。さらに、晩餐を準備する過程では毎日のように電話をかけてきてアイデアを出しては現場を緊張させもしました。韓国料理に込められた意味を探しながら、女優イ・ヨンエは学び、習得し、変化しました。そして、6カ月間の旅を通じて手に入れた収穫物を晩餐で解きました。それが「疎通と分かち合い」の精神です。わが祖先は料理を通じて気持ちを表現して情を分かち合いました。そして、心を開いた交流を通じて豊かな飲食文化を作り出しました。

昔の料理の話に接して、今更「韓国人にとって料理は、ご飯はどんな意味なのか？」を振り返ることになります。その意味で1部では「疎通」を中心にした朝鮮王朝時代の料理の話を扱い、2部では「交流」に焦点を合わせて2000年続いてきた韓国人の肉食文化を話そうとしました。しかし、韓国料理にまつわる大切な話をすべて盛り込むには120分という放送時間はとても短く、放送した後もその点がとても残念でした。お膳に向かい合うたびにそのご飯に込められた意味を考えるきっかけになることを願う気持ちで、放送でお見せできなかった話を、本として出すことになりました。

最後に、ドキュメンタリーが作られるまで多くの方の助けを受けました。宮中料理研究院のハン・ボンニョ院長、建国大学のシン・ビョンジュ教授、ソウル教育大学のハム・ギュジン教授、湖西大学のチョン・ヘギョン教授、ソウル大学のチャン・テス教授をはじめ、番組の諮問を引き受けてくださった国内外のいろいろな碩学たちと、晩餐を一緒に準備してくださったイ・ビョンウ料理長、ハン・ウニ先生、陶芸家のイ・ヌンホ先生にこの場を借りて深く感謝します。そして、「イ・ヨンエの晩餐」が完成するまで物心両面で支援を惜しまなかったSBSパク・キホンCP、パク・トゥソンCP、制作期間中ずっと最高のチームワークを見せてくれたリアリティビジョンのチョ・ハンソン代表、チェ・ギュソンプロデューサー、チョン・ヨンピョプロデューサー、キム・ハングプロデューサー、キム・ドンスプロデューサー、イ・ヘジ助演出、昔の文献から海外の論文まで資料を集めて交渉するのに苦労が多かったであろう作家チョン・サムジ、作家キム・ヒョソン、そして絵のような映像を撮ってくれたカメラ監督アン・ジェミンさん、キム・テゴンさん、写真を担当してくださった作家キム・ジェソンをはじめすべての撮影スタッフにも深く感謝します。何より長い撮影期間ずっと「最高のプロ根性」を見せてくれたイ・ヨンエさんと一緒に作業できて作家としてとても幸せでした。

作家　ホン・ジュヨン

SBSドキュメンタリー番組「イ・ヨンエの晩餐」メイン作家。
ソウル女子大学文献情報学科を卒業後、SBS「つましい暮らし準備クイズ」で放送界に入り、KBS「生老病死の秘密」、MBCスペシャル、SBSスペシャル、EBSドキュプライムなど多数のドキュメンタリーを執筆した。

本書はSBS特別番組ドキュメンタリー「イ・ヨンエの晩餐」として、2014年2月2日、2月9日の2回にわたって放送された番組の書籍化で、2014年4月に韓国で発売された原書の完全邦訳です。

イ・ヨンエの晩餐
～韓国の美しい食べ物のお話～

2017年9月23日　初版第一刷発行

著者	イ・ヨンエ
	ホン・ジュヨン
発行人	ヤン・ウォンソク
総編集人	イ・ホンサン
編集長	キム・スンミ
校正校閲	ソン・スンジン
デザイン	デザインの森
海外著作権	ファン・ジヨン／ジ・ソヨン
制作	ムン・テイル／キム・スジン
営業マーケティング	キム・ギョンマン／チョン・ジェマン／クァク・ヒウン／イム・チュンジン／キム・ミンス／チャン・ギョンギ／イム・ウヨル／ウ・ジヨン／ソン・ギヒョン／チョン・ミジン／ユン・ソンミ／イ・ソンミ／チェ・ギョンミン
発行所	(株)アール・エイチ・コリア　http://rhk.co.kr

●日本語版スタッフ

翻訳	松島彩（株式会社HANA）
装丁・DTP	近藤真生
出版協力	藤脇邦夫
編集	藤本淳子／小宮亜里
印刷・製本	図書印刷株式会社
発行者	田中幹男
発行所	株式会社ブックマン社 〒101-0065　千代田区西神田3-3-5 TEL　03-3237-7777　FAX 03-5226-9599 http://bookman.co.jp/

ISBN978-4-89308-885-7　　PRINTED IN JAPAN